戸籍を読み解いて家系図をつくろう

行政書士
清水　潔　著

日本法令

はじめに

家系図。
ちょっと身構えてしまう言葉かもしれません。
名のある家ではないし、つくったってしようがないと思うかもしれません。

自分はどこから来たのだろう？
だれでも、いつか気にかかる時が来るものです。
これは世界共通で、米国では自分のルーツ探しは
庭いじりの次に人気があるという話です。
「祖先をまつる」という信仰とは関係なく、人類共通の関心なのでしょう。

お金持ちでも、そうでなくても、親はふたり、祖父母は４人、同じです。
だれでも、ご先祖様あればこそ自分があるのです。
関心があるのだったら、一歩踏み出してみてはどうでしょう。

調べていくと、いろいろな発見があるでしょう。
今までつながりがあるとは思っていなかった苗字を持つ
ご先祖様がいることが判るかもしれません。
子供の頃には行き来があったけれど、

今はもう会うこともなくなってしまった親戚とも、
そのつながりをあらためて見出すことができるかもしれません。

「家」といっても、今や時代劇や小説の中でしか聞かないものですが、
古い戸籍では記載されている人数も多く、
ご先祖様がまさにその「家」の中にいたことも判るでしょう。

昔は、小さいうちに亡くなる子どもも多くいました。
戦争で亡くなったご先祖様もいるかもしれません。
幕末から明治維新の時代に生きたご先祖様も見つかるかもしれません。
歴史的事件に立ち会ったご先祖様もいるかもしれないのです。

ご先祖様を調べることで、
自分と、そしてご先祖様が、
時代とつながっていることを実感できるでしょう。

本書では、１５０年程度さかのぼることを目指して、
戸籍を手に入れて読み解くことを中心に、

調べた結果を家系図に描いていく方法などもまとめています。

戸籍はふだん扱うものではないので、
調べるためには手間も時間もかかりますが、
やる気があれば自分で家系図をつくることができます。
やってみませんか。

戸籍には保存期限がありますので、
やると決めたなら早めに始めることをお勧めします。

戸籍の保存期間の延長について

✿家系図をつくりたい方に朗報です✿

2010年5月6日の戸籍法施行規則の改正により、戸籍（除籍・改製原戸籍）の保存期間が従来の80年から150年に延びました※。改正前であれば破棄されてしまったかもしれないご先祖様の戸籍が保存されることになって「ひと安心」ですね。

※コンピュータ化による平成改製原戸籍は従来の100年から150年

関連するページ　p.81-83、p.152-157、p.174-205

戸籍の存在期間の概要

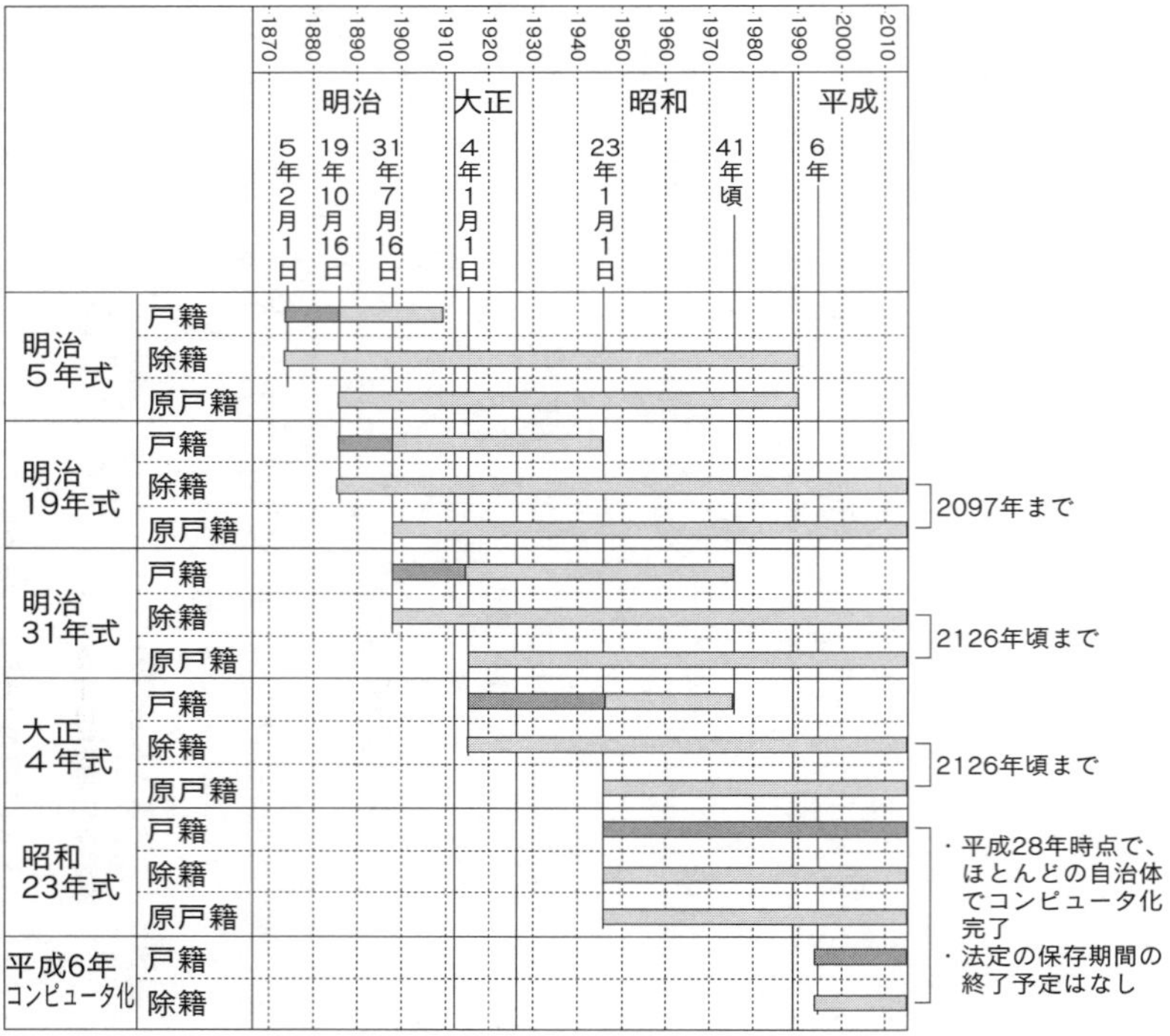

法定の保存期限が終了していないものが存在している可能性のある期間

新規に編成された期間

（注意）

1．この図は日本のどこかに戸籍が残っている可能性を示すものであり、個別の保存期間は、その戸籍が除籍となったか、改製された時点から起算されます。
2．戸籍は保存期間内であっても、災害等の原因で失われることがあります。
3．保存期間を超えた場合にただちに廃棄すべきという定めがあるわけではないので、保存期間を超えても保存されている場合もあります。

1 家系図とは何か

明治末期頃撮影（写真提供：大竹勝治郎）

1. 最古の家系の記録

現在残っている最古の家系の記録といわれているのは、1968年に埼玉県行田市稲荷山古墳で発掘された鉄剣に刻まれた銘文です。

鉄剣には、表と裏に次のように刻まれていました。

（表）辛亥年七月中記乎獲居臣上祖名意富比垝其児多加利足尼其児名弖已加利獲居其児名多加披次獲居其児名多沙鬼獲居其児名半弖比

（裏）其児名加差披余其児名乎獲居臣世々為杖刀人首奉事来至今獲加多支鹵大王寺在斯鬼宮時吾左治天下令作此百練利刀記吾奉事根原也

これをカナ混じりの文に直すと、次のようになります。

（表）辛亥の年七月中、記す。ヲワケの臣。上祖、（名は）オオホヒコ。其の児、名はタカリスクネ。其の児、名はテヨカリワケ。其の児、名はタカヒシワケ。其の児、名はタサキワケ。其の児、名はハテヒ。

（裏）其の児、名はカサヒヨ。其の児、名はヲワケの臣。世々、杖刀人（じょうとうじん＝大王に仕えた武人）の首と為り、奉事し来り今に至る。ワカタケルの大王の寺、シキの宮に在る時、吾、天下を左治し、此の百練の利刀を作らしめ、吾が奉事の根原を記す也。

この鉄剣の持ち主である「ヲワケの臣」が、その先祖を8代にわたって記しています。これは、罫線を使った書き方ではありませんが、文章系譜といわれているものです。つくられた年代は、5世紀といわれています。

まめ知識　「系図」と「系譜」

「系図」、「家系図」という言葉のほかに、「系譜」という言葉もあります。内容は同等です。英語では、系譜は genealogy, lineage、系図は family tree, genealogical table, pedigree です。

この本では、「系図」を図のかたちにしたもの、「系譜」を図でないものとして、使い分けします。

2. そもそも「家系」とは

稲荷山古墳出土の鉄剣に書かれた名前は、「ヲワケの臣」の血縁上の祖先のものなのでしょうか。研究によると、「其児」と書いてあっても単純に父子関係にあるとはいえない、地位継承の関係を記録したもののようです。

このような家系の記録の作成は、もっぱら古代氏族から始まり、公家や武家でもなされるようになりました。９世紀には有名氏族の系譜集が編まれて朝廷に献上されていますし、江戸時代にも大規模なものがつくられています。系譜集の規模の拡大に伴い、自分の家柄が良いように見せるために内容を偽造することも増え、それを商売にする専門家も現れたといいます。

武家・公家にとっては由緒ある血統が重要であり、その具体的なかたちとして「家」というしくみが存在しました。一方、庶民にとっては、家業を基礎とした共同生活体の資産を世代を超えて継承してゆくしくみとして、「家」は存在価値がありました。「家」の長である家長の継承のしかたは、武家が父系長男を重視したのに対し

て、庶民の間では柔軟でした。親族以外も「家」の構成員に入れ、適格であれば次代の家長にも選んだようです。

家父長制を明確にして「家」を法制度上のかたちにしたのが、明治・大正の戸籍制度でした。その後、昭和23年施行の全面改正された民法が「個人の尊厳と両性の本質的平等」を原則としたことにより、これに反する法制度上の「家」はなくなりました。

法制度上の「家」もなくなり、また、家業で生活するということも非常に少なくなった現在、「家系図」には、どんな範囲の人を載せるのでしょう——伝統的な系譜集のように父方をたどるのか、それともたどることが可能なすべての経路をたどるのか、それはあなたの考え方しだいです。

3. 家系図の描き方

家系図の描き方に、こうしなければならないというルールはありません。しかし、一般的に守られているかたちというものがあり、そのかたちに沿ってつくっておくと、のちにほかの人が見たときに理解しやすくなります。

そこで、家系図の描き方について、いくつかの視点から整理しておきます。

縦型・横型

図は徳川家の家系図の一部です。横型では、長くなってしまうので一部省略しました。

縦型は代が替わるごとに下に追加する描き方で、つながりが判りやすくなります。

横型は代が替わるごとに横に追加する描き方です。つながりは判りにくいものの、紙をついで代々延ばしていきやすいかたちです。

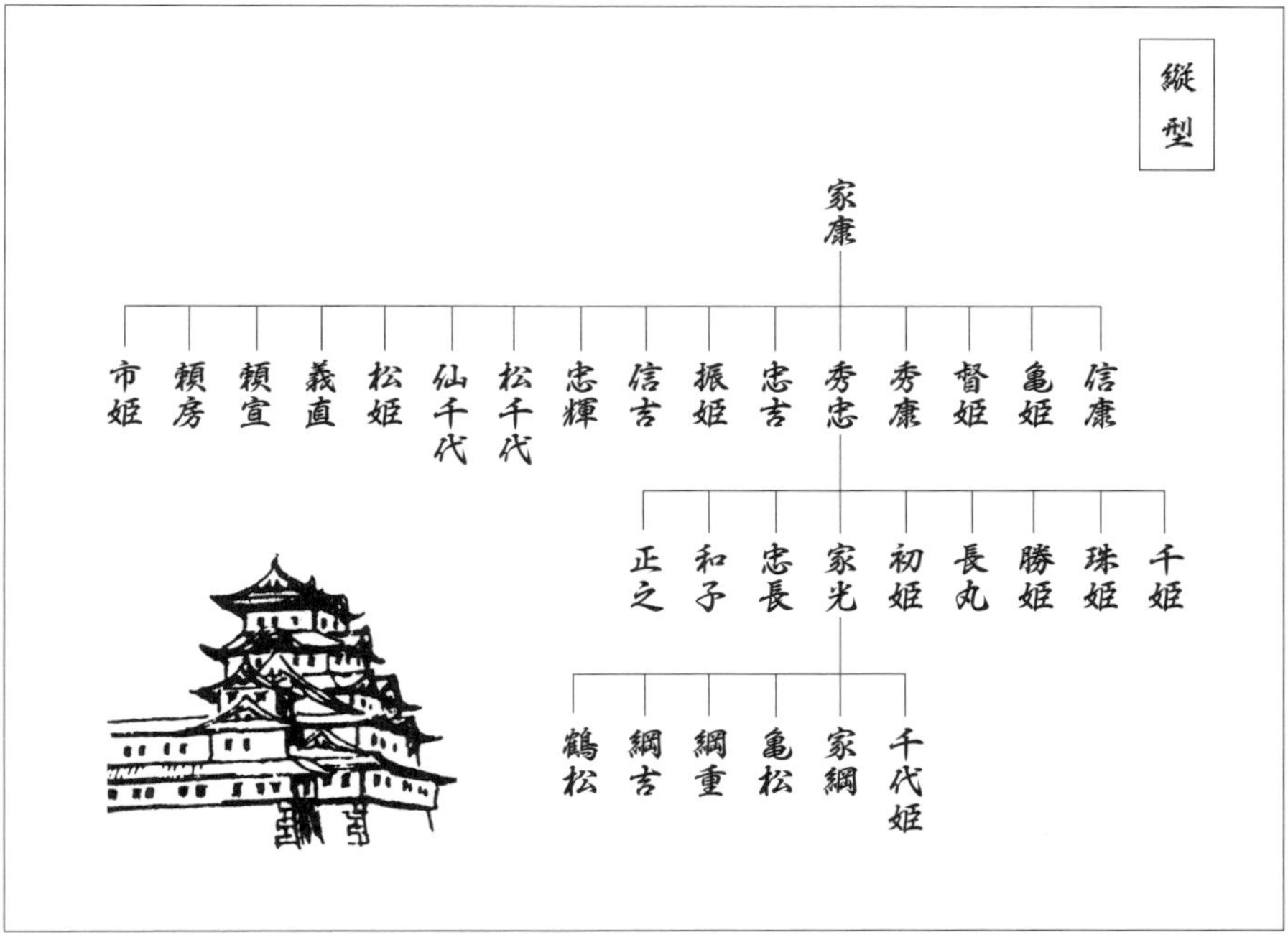
縦型
家康
市姫
頼房
頼宣
義直
松姫
仙千代
松千代
忠輝
信吉
振姫
忠吉
秀忠
秀康
督姫
亀姫
信康
正之
和子
忠長
家光
初姫
長丸
勝姫
珠姫
千姫
鶴松
綱吉
綱重
亀松
家綱
千代姫

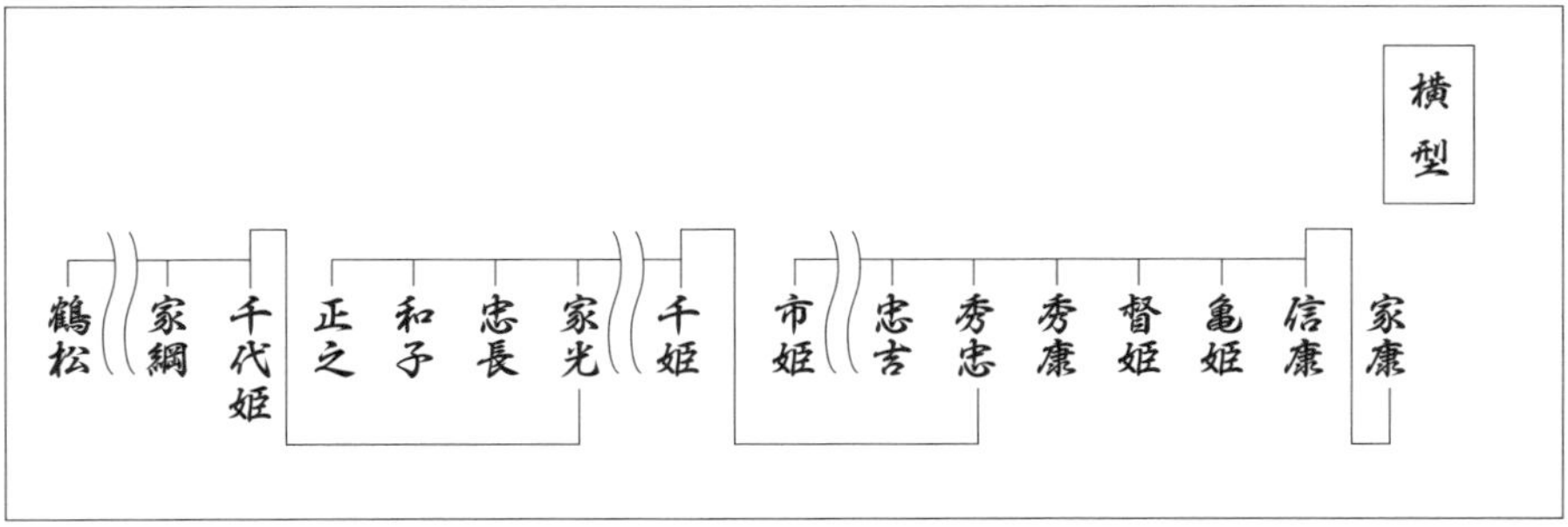
横型
鶴松
家綱
千代姫
正之
和子
忠長
家光
千姫
市姫
忠吉
秀忠
秀康
督姫
亀姫
信康
家康

どちらのかたちでつくるかは、家系図の装丁によって選びます。たとえば、掛軸にするのであれば縦型、巻物にするのであれば横型が使われます。

✿ 一般的な並べ方・線の結び方

縦型では、一般的に、次のようなやり方に基づいて描きます。

同じ代に属する人の描き方

同じ代に属する人は、同じ高さに揃えて描きます（16ページの図中①）。

夫婦の描き方

夫となる人と妻となる人を二重線で結びます（図中②）。

先妻・後妻がいる場合は、先妻を夫とつなぎ、そのさらに左に後妻をつなぎます。

夫を間にはさんでつなぐ描き方もあります。

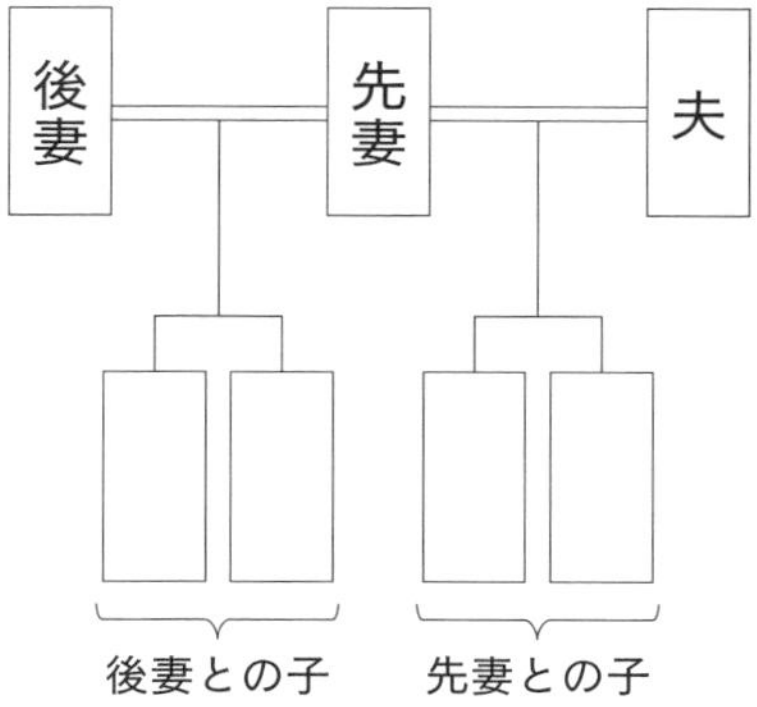

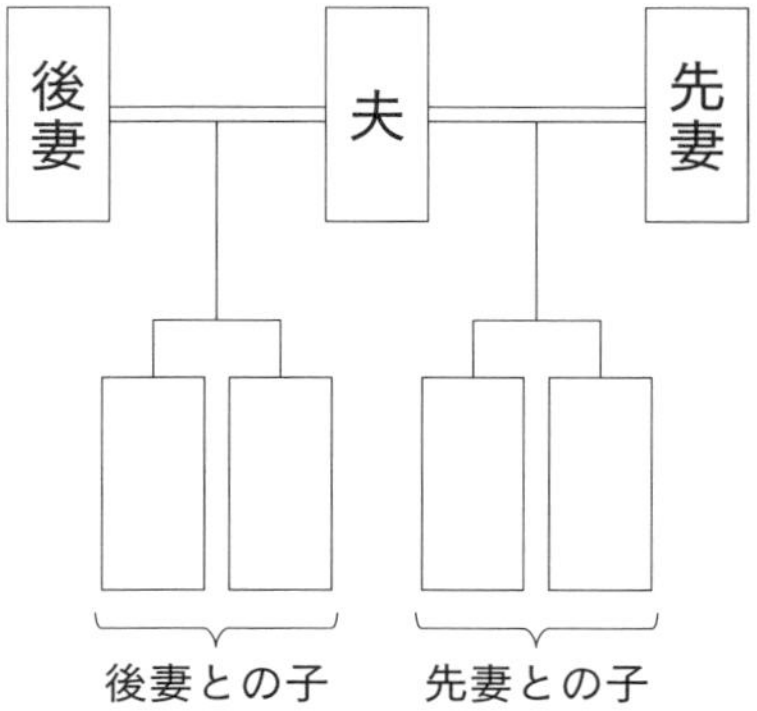

親子の描き方

夫婦を結ぶ二重線から縦の線で結びます（図中③）。親がひとりの場合は、親から直接、線を引きます（図中④）。

養子は、養親と接続する線の、養子に関わる部分を二重線にします（図中⑤）。

兄弟姉妹の描き方

グループごとに横線で結び、男女関係なく右が年上となるように並べます（図中⑥）。

これらの描き方にしたがって、簡単な家系図をつくってみると、次のように表されます。

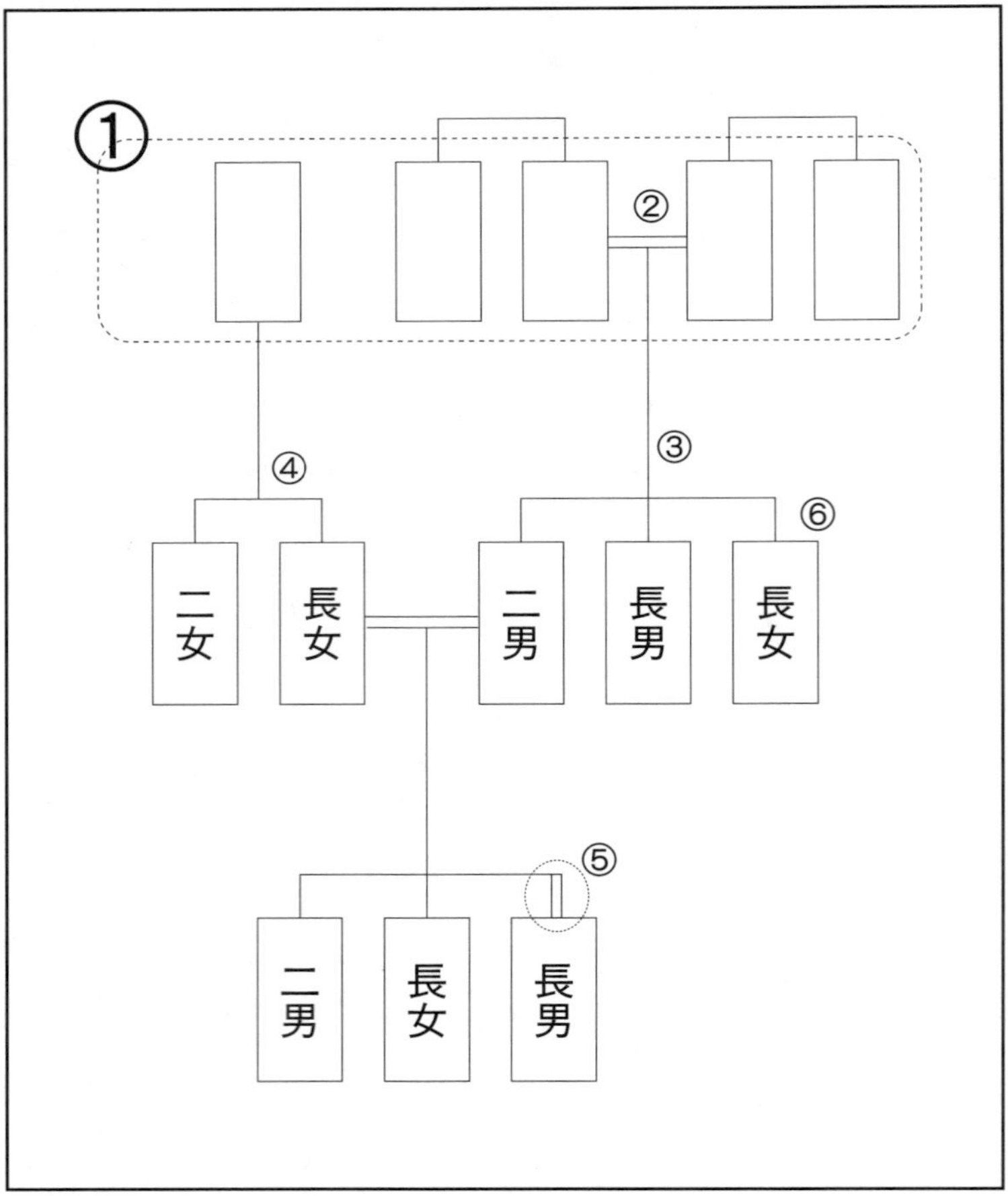

なお、同じ代に属することを示す⬚（①）は、解説の便宜上加えたもので、実際は家系図には描きません。

✿ 複雑な関係の表し方

親族関係が少し複雑になると、一般的な配置・結線の考え方だけでは描ききれません。次に、一般的な描き方ではうまく描けない場合の描き方の例をあげてみましょう。

線が重なってしまった場合

図が込み入ってきて、線が重なってしまう場合、単純に重ねるほか、片方の線を切ったりするなどの描き方があります。

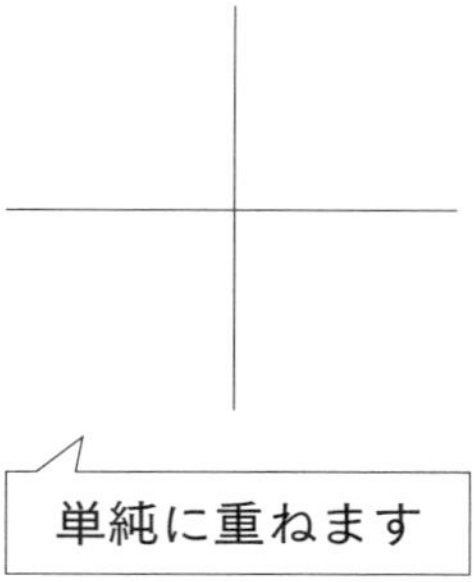
単純に重ねます

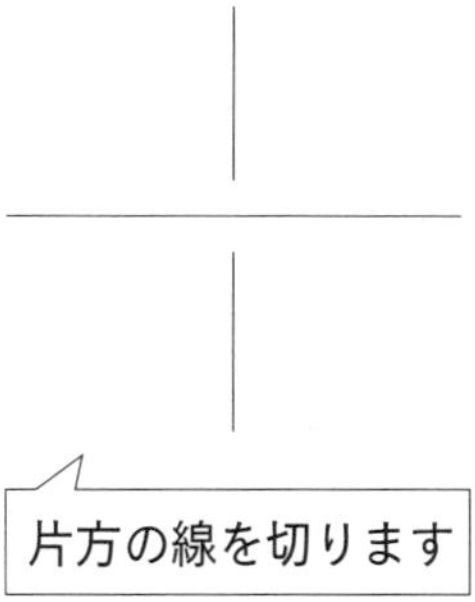
片方の線を切ります

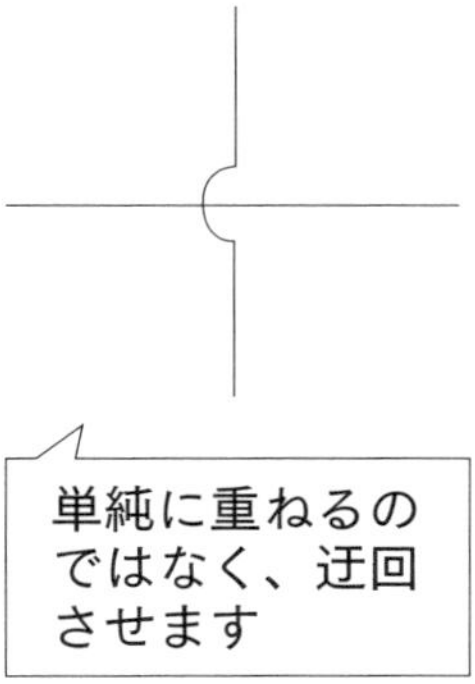
単純に重ねるのではなく、迂回させます

人物と線が重なってしまった場合

図のような兄弟構成の佐藤家の長男と鈴木家の長女が結婚した場合、一般的な描き方では、夫婦を結ぶ二重線が佐藤家の二男と重なってしまいます。

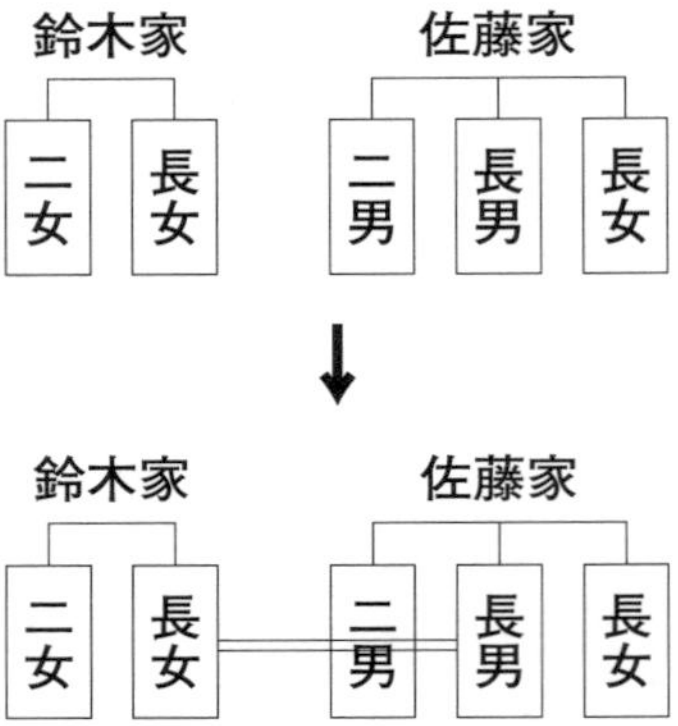

二男を迂回して線を引く方法には、次のようなものがあります。

① 佐藤家の長男と、鈴木家の長女を大きく描く

② 佐藤家の長男と、鈴木家の長女の下に線を伸ばし、その線どうしを二重線で結ぶ

③ 鈴木家に関しては、父方である佐藤家の家系に直接関係する長女のみ記載する

それぞれの方法で家系図を作成すると、次のように表されます。

①

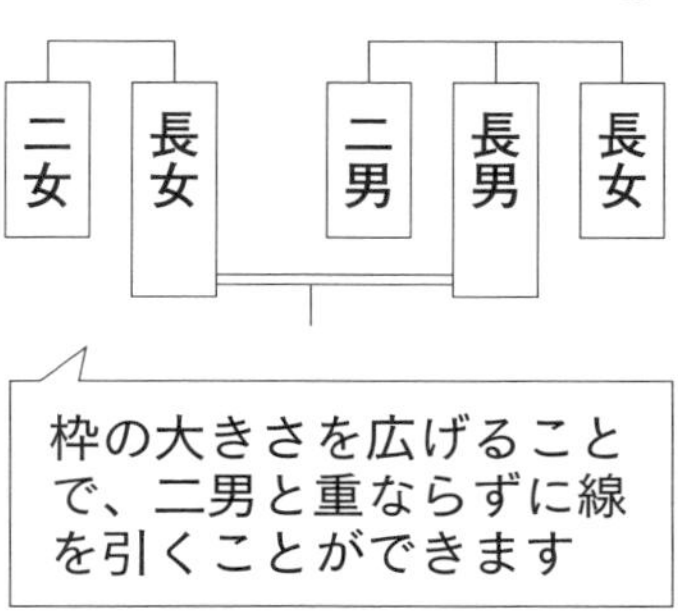
二女
長女
二男
長男
長女
枠の大きさを広げることで、二男と重ならずに線を引くことができます

②

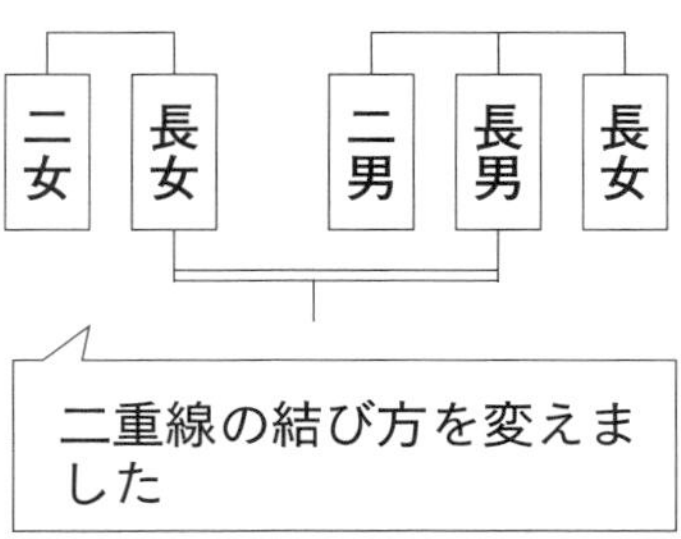
二女
長女
二男
長男
長女
二重線の結び方を変えました

③

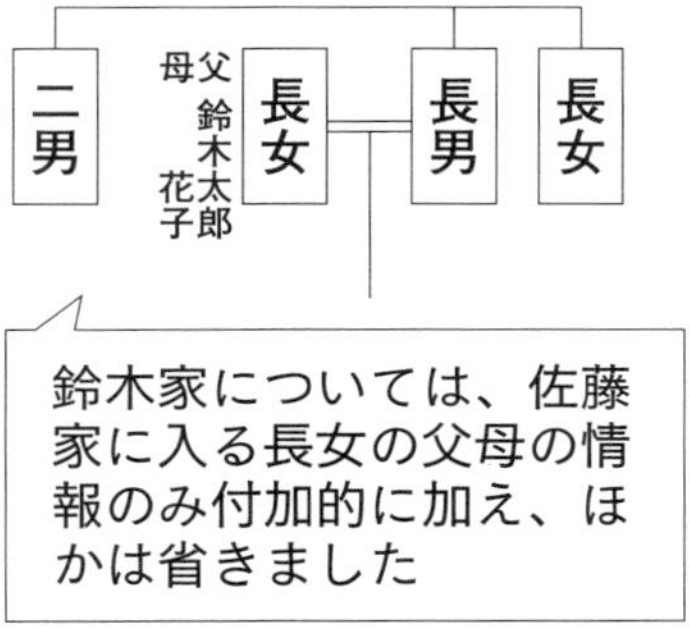
二男
父 鈴木太郎
母 花子
長女
長男
長女
鈴木家については、佐藤家に入る長女の父母の情報のみ付加的に加え、ほかは省きました

いくつか描き方を例示しましたが、これらはあくまでも一例にすぎません。これらのやり方にこだわる必要はないのです。見やすいように、いろいろ工夫してみてはいかがでしょう。

ただ、ひとつの家系図の中に違う描き方を混在させると、判りにくくなってしまいます。できるだけ、描き方は絞るほうがよいでしょう。

4. 記載する情報

家系図全体の情報としては、家の姓、家紋、作成年月日、作成者などがあります。個人ごとの情報としては、親との続柄、生年月日、生まれた場所、没年月日、亡くなった場所、戒名、婚姻年月日などがあります。そのほかに、生涯の中で起きた出来事などを盛り込むことも考えられます。

明治三十年五月五日生
平成十五年八月十日没
（長男）太郎

（長男）太郎
出生　明治三十年五月五日
婚姻　大正十年七月七日
死亡　平成十五年八月十日没

明治三十年五月五日生
平成十五年八月十日没
（長男）太郎
行年百六歳

縦型の家系図に多くの情報を盛り込むと、文字が小さくなってしまい、読むのに困るかもしれません。そのため、個人ごとの情報をたくさん記入するのは困難です。家系図全体に載せる人数と紙の大きさしだいですが、一般的には続柄と生没年月日程度の記載となるでしょう。載せたい人の数が多いような場合には、生没年月日も入れなくてもかまいませんし、片側だけでなく名前の両側に情報を入れることも考えられます。

一方、横型の場合は、あまり制限を気にせずにすみますから、生涯の間に起きた出来事を並べて描くこともできます。

縦型家系図の記載例

明治三十年五月五日生
平成十五年八月十日没
(長男) 太郎

明治三十三年六月二日生
平成十六年五月九日没
(二男) 次郎

横型家系図の記載例

(長男) 太郎
明治三十年五月五日　東京市麹町区で出生
大正八年六月十二日　家督相続
大正十年七月七日　鈴木恵子と婚姻
大正十二年十一月七日　日本商事設立
…
平成十五年八月十日没　行年百六歳

(二男) 次郎
明治三十三年六月二日生
大正十五年三月三日　佐藤和子と婚姻・分家
…
平成十六年五月九日没　行年百三歳

家系譜の作成

横型の場合でも、ひとりひとりの記載が長くなると、人と人とのつながりが判りにくくなってしまいます。そこで、図としてはシンプルな縦型のものをつくり、個人ごとの詳しい情報は家系譜のかたちでまとめて、両方をセットにしておくことも考えられます。

家系譜の記載例

氏名、父母、続柄	生没年月日	経歴など
日本太郎 父　日本壱衛門 母　日本　フミ 長男	明治三十年五月五日 東京市麹町区で出生 平成十五年八月十日 東京都渋谷区で死亡 行年百六歳	大正八年六月十二日　家督相続 大正十年七月七日　鈴木恵子と婚姻 大正十二年十一月七日　日本商事設立 ・・・
日本次郎 父　日本壱衛門 母　日本　フミ 二男	明治三十三年六月二日 東京市麹町区で出生 平成十六年五月九日 東京都新宿区で死亡 行年百三歳	大正十五年三月三日 佐藤和子と婚姻・分家

すっきりと見せるために

家系図に記載する人数が多くなると、どうしても図が込み入ってきてしまいます。

どうすれば、情報をすっきりと見せることができるでしょうか。

たとえば、叔父や叔母の配偶者の両親については、配偶者の横に氏名だけを入れることにしてはどうでしょう。

コンパクトな描き方

昭和三十八年五月三日生
二女 浜子 ＝
父 大和輝夫
母 和子

基本的な描き方

昭和十年六月三日生
大和 輝夫 ＝ 昭和十三年七月五日生
和子

昭和三十八年五月三日生
二女 浜子 ＝

伝統的家系図らしく父親の系統のみをたどったものをつくりたい場合には、直系であっても、父系以外のご先祖様の配偶者の家系については、その両親の氏名だけの記載としたほうがコンパクトでよいかもしれません。

もちろん、親子関係の基本的な描き方のとおりに記載してもかまいません。

5. 家系図情報取扱いの注意

家系図に記載されるご先祖様の情報は個人情報に属するものであり、普通は他人には判らない情報なので、取扱いには注意が必要です。

家系図の内容を知った他人が、いかにも遠い親戚のような顔をして近づいてきて、詐欺をしかけてくるようなこともあるかもしれません。そのご先祖様の生存している子孫が自分だけなのならともかく、ほかにもいる場合、家系図の内容を人に教えるときには、その方の合意もとっておくのがよいでしょう。

現代では、人の社会的評価はその個人自体に対して行い、祖先がどうであったは問わないようにされています。しかし、人によっては、祖先がなんらかの理由で処罰されていたような場合、つながりを隠したがることもあります。家系図の作成にあたっては、そういう方へも配慮するようにしましょう。

2 家系図作成の流れ

明治41年10月撮影（提供：大竹勝治郎）

第２章　家系図作成の流れ

1．まずは戸籍から調べましょう

本書では家系図作成のための情報収集源として戸籍を詳しく取り上げますが、それは、戸籍が家系図の情報源として最も身近で確かなものであるからです。まずは、戸籍とは何なのかを説明しておきましょう。

戸籍の「戸」は家族あるいは親族の集団を意味していて、戸籍制度とは、その「戸」の単位で国民を登録するしくみのことです。現在は、戸籍法（昭和二二年法律第二二四号）、戸籍法施行規則（昭和二二年十二月二九日司法省令第九四号）で、その制度が定められています。戸籍は日本国民の身分の公的な証明であるため、たとえ日本に住んでいても、外国人には戸籍はありません。

戸籍制度の沿革

戸籍制度の歴史は古く、班田収授法（全国の田を一元的に管理する法律）実施のために全国的な戸籍・計帳を作成することとした大化の改新（645年）までさかのぼります。670年に全国的な規模での造籍が完成し、この戸籍は「庚午年籍（こうごねんじゃく）」と名づけられ、氏姓を正すための根本台帳として永久保存することが定められました。その後、平安時代までは、内容の信頼度は別として、全国的な戸籍制度が維持されました。

戦国時代になると全国的な戸籍制度は途絶え、一部の戦国大名のみが富国強兵策として人別《にんべつ》改《あらため》を行っていました。この人別改は江戸時代になると各藩で実施されるようになり、やがてキリシタン禁圧のための宗門人別帳、分限帳がつくられて、これが戸籍の役割を果たしました。これらは税負担を管理する役割を持っていました。

その後、明治時代になって、全国統一のしくみとして戸籍法に基づいた戸籍制度が導入されました。1872年作成の「壬申戸籍（じんしんこせき）」は、明治政府が作成した最初の全国戸籍です。この戸籍制度は、以後、制度内容に変更はあるものの、現在まで、全国統一のしくみとして継続的に維持・管理されてきました。なお、現在の戸籍の機能は、税負担の管理とは関係なく、身分の証明のみとなっています。

明治時代からの戸籍制度は、だれでも情報を得ることのできる、信頼度の高いしくみです。家系図作成のための情報収集にあたっては、まずは、戸籍の調査から始めましょう。

まめ知識　諸外国の身分登録制度

日本にいるとあたりまえのものと思ってしまう戸籍ですが、国によって、国民を登録するしくみはずいぶんと異なっています。いわゆる「戸籍」制度は、東アジア固有のしくみです。

たとえばアメリカ合衆国では、国民に割り当てられている番号として社会保障番号がありますが、これはあくまでも個人別の情報であり、日本の戸籍のように家族単位で身分を登録・管理するものではありません。

ヨーロッパ諸国では教会が出生・婚姻・死亡の証明をする機能も持つところから人の身分関係の公示が始まりましたが、現在では役所がそれらを管理するようになってきています。しかし、出生の記録は出生地で、婚姻の記録は婚姻の場所で、というように別々に登録され、戸籍のように一生を通じての身分変動を一貫的に把握するものではありません。ただ、すべて別々では不便なので、出生の記録に婚姻や死亡の記録を追加したり、あるいは夫婦とその間の子の関係を一冊にまとめた家族手帳に家族関係を記録するというしくみになってきているようです。

では、近隣諸国はどうなっているでしょう。

中国を発祥の地とする戸籍制度ですが、現在の中国は社会体制が違い、戸籍（戸口）も農村戸籍と都市戸籍に大きく分けられているなど、まったく別のしくみになっています。

韓国は、戸主の権限の大きい制度でしたが、２００５年に最高裁判所が「現在の戸籍法は男女、両性の平等に反する」との見解を示したことから、まず民法から戸主に関する規定を削除し、さらに２００８年には戸籍法に代えて「家族関係の登録等に関する法律」を施行して、個人別の登録制度に移行しました。この制度は、コンピュータの使用を前提とした最新のしくみとなっています。

2. さらに過去までさかのぼるには

本書では、戸籍をもとにご先祖様をたどることを主眼にしています。うまく戸籍が保存されていれば、江戸時代末期までさかのぼってたどることができる可能性があります。

しかし、古い戸籍は、保存期限を超えたために失われてしまい、期待したようには保存されていない場合もあります。また、さらに過去にさかのぼって調査したいという場合もあります。このような場合に、どんな情報源からご先祖様のことを調べることができるのか、戸籍以外の情報源についても、概要をみておきましょう。

時代が古くなるほど、庶民の情報は少なくなり、詳細な情報は得にくくなります。古文書の解読が必要になるなど、情報収集の難易度も高くなります。現地に出かけて人を訪ねたりすれば、時間も費用もかかります。

まずは戸籍で可能な範囲をさかのぼり、その先は順次、古文書解読の勉強などをしながら調査していくのがよいでしょう。

時代ごとの情報収集源

二〇〇〇　一九〇〇　一八〇〇　一七〇〇　一六〇〇　一五〇〇　一四〇〇　一三〇〇　一二〇〇　一一〇〇　一〇〇〇　九〇〇　八〇〇　七〇〇　六〇〇　五〇〇　四〇〇　三〇〇

	戸籍	系譜集	その他
平成 明治	戸籍法に基づく戸籍		
江戸	分限帳 宗門人別帳	寛政重修諸家譜 寛永諸家系図伝	群書類従 寺社奉行設置、寺請開始
安土桃山			
室町		尊卑分脈	
鎌倉			
平安		新撰姓氏録	
奈良			日本書記、古事記
飛鳥	庚午年籍		
古墳			魏志倭人伝

✿ 現在から江戸時代末期

戸籍・過去帳・位牌・墓石の調査や、親族への聴取りなどにより、情報を収集することができます。

戸籍は、法律で記載内容や管理方法、閲覧方法などが全国一律に定められているので、だれでも手順にしたがうことにより調査することができます。また、現地まで出かけていくことなく調査可能という点でも、取り組みやすい方法です。

お寺で保管している過去帳は、個別の家ごとに分けて情報が記載されているわけではないので、個人情報保護の観点から、一般への開示を禁止している宗門が増えているようです。自宅あるいは親族の仏壇にその家の過去帳があれば、良い情報源となります。

▼過去帳

お寺が信徒の死亡年月日、戒名、俗名（一般の氏名）、年齢などを記録する帳簿。日別や死亡年月日別など並びになっていて、日別のほうは日々の供養などに使われます。江戸時代の寛永12年（１６３５年）の寺社奉行・寺請制度の開始以後、全国的にお寺に設置されるようになりました。

▼位　牌

戒名、俗名などが記載されており、仏壇に安置されます。供養料とともに、お寺にも安置してもらい、毎日供養してもらう場合もあります。江戸時代以後に一般化しました。「柱」と数えます。

▼墓　石

正面には以前は故人の戒名を彫っていましたが、明治時代の家制度の確立以後は「〇〇家先祖代々之墓」などのような文言を彫るかたちに変わりました。側面には、納められている方の戒名などが彫られています。平安時代から作られるようになりましたが、庶民にまで普及したのは江戸時代からです。

江戸時代末期から江戸時代初期

過去帳・位牌・墓石などの調査のほか、この時代に戸籍相当の機能を持っていた分限帳や宗門人別帳、さらに寛永諸家系図伝や寛政重修諸家譜が参考になるかもしれません。宗門人別帳には、庶民も記録されていました。

▼分限帳（ぶんげんちょう、ぶげんちょう）

将軍や大名が作成した、家臣の所領や扶《ふ》持《ち》高《だか》なども記した名簿。ただし、偽物も多いといわれています。

▼宗門人別帳（しゅうもんにんべつちょう）

宗門改（キリスト教禁止を目的として江戸幕府が始めた制度）に基づいて作成された帳簿で、戸別に名前・性別・年齢・宗旨などが記録されました。宗門人別改帳、宗旨人別帳、宗門改帳とも呼びます。お寺が行う寺請が主でしたが、村役人が行う俗請もありました。

▼寛永諸家系図伝（かんえいしょかけいずでん）

江戸幕府が寛永年間（１６２４年から１６４３年）に編纂した本格的な武家の系譜。林羅山を中心に編纂され、全１８６巻からなります。内容は清和源氏・平氏・藤原氏・諸氏の四編に分かれています。その献上本は国立公文書館と日光東照宮に保存されています。続群書類従完成会によって刊行された『寛永諸家系図伝』を見ることができます。

▼寛政重修諸家譜（かんせいちょうしゅうしょかふ）

江戸幕府が寛政年間（１７８９年から１８００年）に寛永諸家系図伝の続集として編纂したもの。全１５３０巻からなります。国主・領主をはじめ御目見以上の士について作成したため、量が多くなっています。ただし、粉飾された系図も多いようです。完成当時の献上本は国立公文書館に保存されています。続群書類従完成会によって刊行された『新訂寛政重修諸家譜』を見ることができます。

✿室町時代から平安時代

古文書、遺跡・史跡、さらに尊卑分脈、群書類従、新撰姓氏録があります。庶民に関する記録はほとんどありません。

▼庚午年籍（こうごねんじゃく）

天智天皇の時代、６７０年庚午《かのえうま》の年につくられた、最古の全国的（九州から常陸・上野まで）な戸籍とされています。氏姓の基準とされたようです。大宝令に永久保存と規定され、平安中期までは残っていましたが、現存していません。全国的な戸籍は、これ以後、少しずつ形を変えながら平安時代までは続きましたが、ほとんど残っていません。鎌倉・室町の時代には、全国的な戸籍はありませんでした。

▼尊卑分脈（そんぴぶんみゃく）

ただしくは「編纂本朝（へんさんほんちよう）尊卑分明図」といい、室町時代（1336年から1573年）に編纂されました。以後、室町時代を通じて、増補・改訂されました。源氏・平氏・橘氏・藤原氏その他主要な諸氏系譜を類別にまとめています。吉川弘文館の『新訂増補国史大系』に収録されたものを見ることができます。

▼群書類従（ぐんしょるいじゅう）

江戸後期に塙《はなわ》保《ほ》己《き》一《いち》によって編集された古文献の叢書《そうしょ》で、1819年に530巻が刊行されました。江戸時代初期までの文献を収録しており、25の分野に分かれ、系譜も含まれています。続群書類従完成会が刊行したものを見ることができます。

▼新撰姓氏録（しんせんしょうじろく）

815年に編纂された古代氏族の系譜書。全30巻からなりますが、現存するのは抄本のみとなっています。皇別、神別、諸蕃《しょばん》の「三体」と呼称する類別にしたがって分類されています。

古墳時代より前

古文書、遺跡・史跡、さらに魏志倭人伝や古事記、日本書紀がありますが、一般の情報収集に使えるものはほとんどないでしょう。

まめ知識 遺伝子分析により人類の系譜を探る

さらに古い時代の調査については、遺伝子を分析する方法があります。これにより、人類発祥の地アフリカから日本まで、自分のご先祖様がどのように移動してきたのか、経路を推定することができます。

子の遺伝子は、基本的には父親と母親の遺伝子が組み換えられてつくられます。そのため、一般の遺伝子は、世代が進むと大きく変わっていってしまいます。ところが、例外的に組換えが行われないために、突然変異のない限り、親から子にそのまま伝わるものがあります。男性にはＹ染色体が父親からのみ受け継がれ、女性はミトコンドリアＤＮＡを母親からのみ受け継ぎます。

このＹ染色体やミトコンドリアＤＮＡに蓄積された突然変異のパターンを世界中から収集し統計的な分析をすることにより、人類の移動の跡をたどることができるというわけです。あくまでも統計的な分析ですので、個人を特定してたどれるものではありませんが、ロマンを感じられるのではないでしょうか。

この遺伝子分析による研究は１９８０年代から世界中で行われるようになり、徐々に人類移動の流れが明らかになってきています。

①　ジェノグラフィック・プロジェクト

遺伝子分析による研究のひとつに、ジェノグラフィック・プロジェクトがあります。

このプロジェクトは、米国のナショナル・ジオグラフィック誌が中心となって進めているものです。世界各地の人々から採取したＤＮＡサンプルを解析することで、どのように人類が地球上に広がったのかを解明する、大規模なものです。

このプロジェクトには、わたしたちも参加することができます。頬の内側から採取したサンプルを提供すると、その分析結果がデータベースに登録され、自分のご先祖様がたどったと推定される移動の経路をインターネット上で見ることができるようになります。

現在、世界中から16万人以上が参加しているというこのプロジェクト、個人情報は匿名で管理されますから、興味のある方は参加するのもおもしろいのではないでしょうか。

② アフリカから日本へ～ご先祖様がたどった道

Y染色体から判ったアフリカから日本への主要な経路は、３つあります。

(1) 最も古くアジア南部経由で日本に到着し、さらにチベットに向かった経路

(2) 大陸内部を経由して、日本と東南アジア方面に分かれてきた経路

(3) 最も遅れてアジア南部経由で到着し、日本を越え、さらに北米にまでも向かった経路

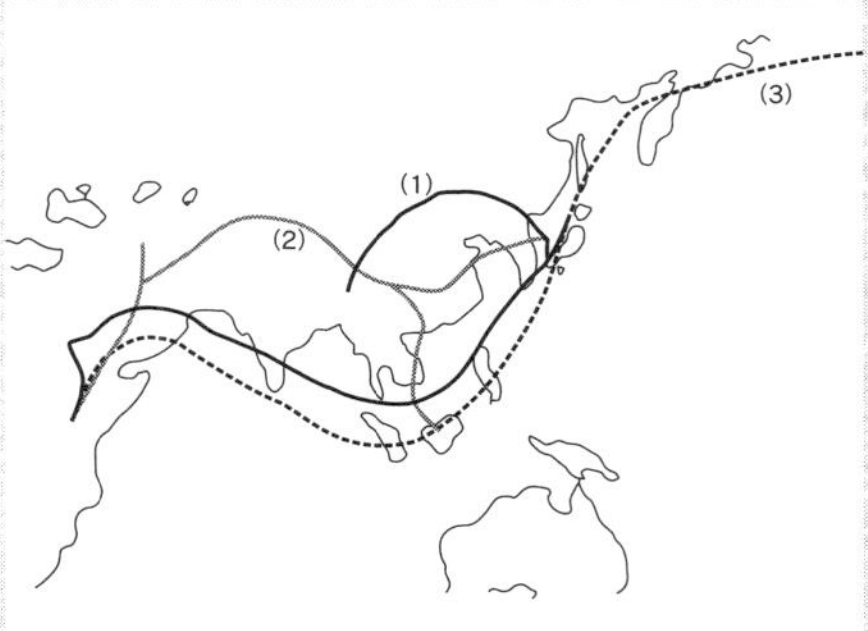

図上の経路はおおまかな流れです。より詳細なアジア地域の研究によると、アジア南部からの流れは海上経由ではなく、中国・朝鮮半島経由という説が有力なようです。

さて、あなたのご先祖様はどの経路で日本までやってきたのでしょうか――。

このプロジェクトを紹介する本によると、配偶者間の出生地の距離は１８５０年頃から急に大きくなっているそうです。人類の流れを詳しく把握しようとするなら、この遺伝子研究は早急に進める必要があるようです。

《参考》ジェノグラフィック・プロジェクト紹介（英語）
https://genographic.nationalgeographic.com/
「旅する遺伝子」　スペンサー・ウェルズ著　英治出版
「日本人になった祖先たち」　篠田謙一著　日本放送協会
「ＤＮＡでたどる日本人10万年の旅」　崎谷満著　昭和堂

3. 戸籍による情報収集と家系図作成の流れ

それではいよいよ、戸籍から取得した情報を家系図のかたちにまとめていくための流れをみてみましょう。

基本的には、最初に自分が今現在入っている戸籍を取得して、そこから父母の戸籍を取得するための情報を確認、次に父母の戸籍を取得、さらに祖父母……というようように順次取得し、それ以上たどれなくなったところで家系図を清書する、という流れになります。

戸籍の内容を理解するために

戸籍は、ふだん日常的に扱うものではありませんから、取り付きにくいところもあります。

身近な名前の掲載されている戸籍を取り寄せ、次に取り寄せた実物の戸籍も見ながら戸籍の説明を読むと、理解しやすいでしょう。

戸籍で情報収集することのできる範囲

戸籍を取得することのできる基本的な範囲は、「本人の直系尊属・直系卑属あるいは配偶者」を含んでいる戸籍となります。

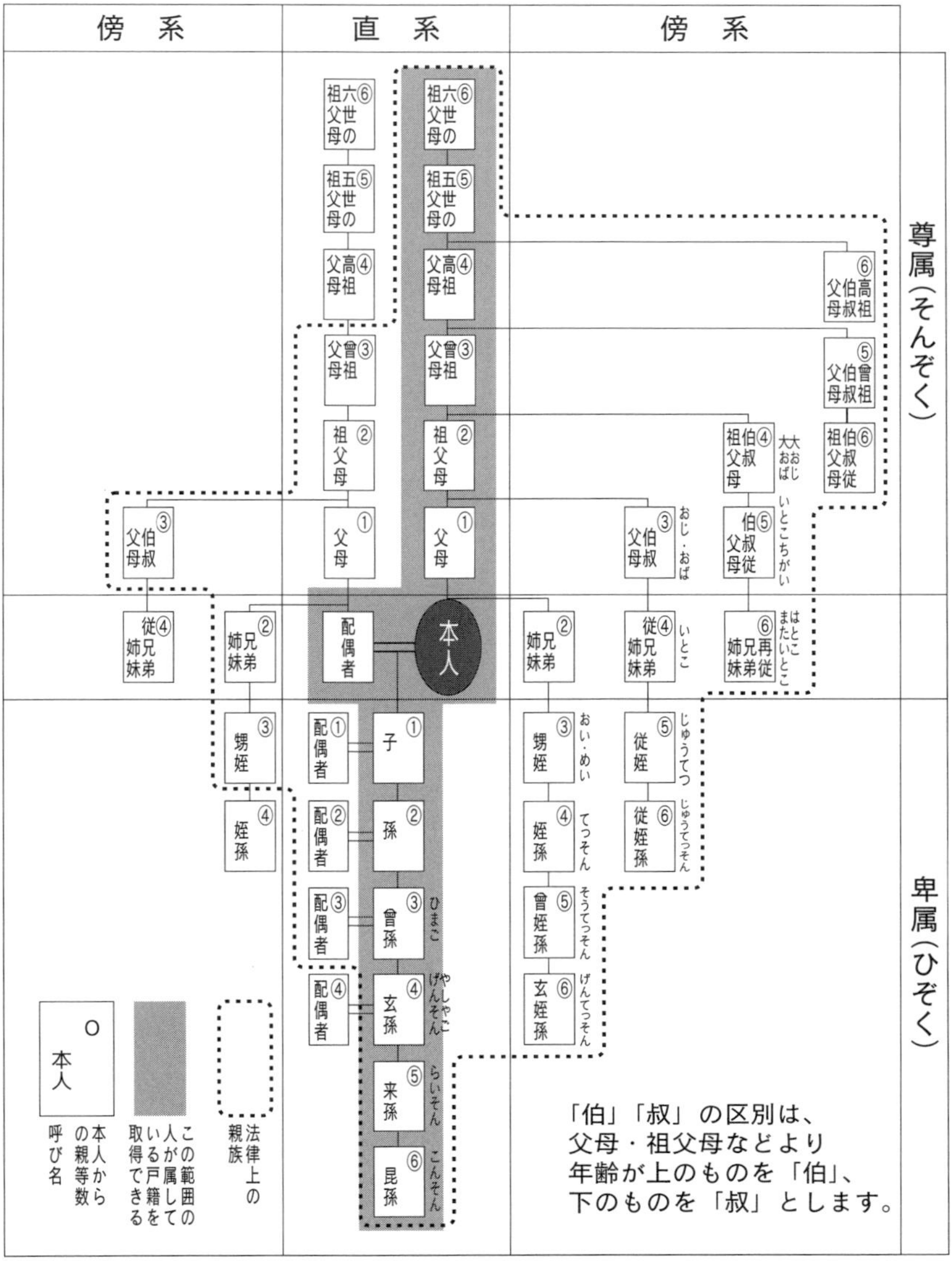
傍系
直系
傍系
尊属（そんぞく）
卑属（ひぞく）
六世の祖父母⑥
五世の祖父母⑤
高祖父母④
曾祖父母③
祖父母②
父母①
六世の祖父母⑥
五世の祖父母⑤
高祖父母④
曾祖父母③
祖父母②
父母①
高祖伯叔父母⑥
曾祖伯叔父母⑤
祖伯叔父母④ 大おじ 大おば
従祖伯叔父母⑥
伯叔父母③
伯叔父母③ おじ・おば
従伯叔父母⑤ いとこちがい
従兄弟姉妹④
兄弟姉妹②
配偶者
本人
兄弟姉妹②
従兄弟姉妹④ いとこ
再従兄弟姉妹⑥ はとこ またいとこ
甥姪③
姪孫④
配偶者①
子①
配偶者②
孫②
配偶者③
曾孫③ ひまご
配偶者④
玄孫④ やしゃご げんそん
来孫⑤ らいそん
昆孫⑥ こんそん
甥姪③ おい・めい
姪孫④ てっそん
曾姪孫⑤ そうてっそん
玄姪孫⑥ げんてっそん
従甥姪⑤ じゅうてつ
従姪孫⑥ じゅうてっそん
○ 本人
本人からの親等数 呼び名
この範囲の人が属している戸籍を取得できる
法律上の親族
「伯」「叔」の区別は、
父母・祖父母などより
年齢が上のものを「伯」、
下のものを「叔」とします。

まめ知識　親族についての言葉

「はとこ」、「やしゃご」、「てっそん」、……

図中に出てきたこうした言葉は、遠い親戚とのつきあいが薄れてきている現代では、使う機会、耳にする機会もなくなってきているでしょう。

ここでは、親族関連の用語をまとめてみました。あわせて、図も参照してみてください。

①　尊属・卑属

「尊属」も「卑属」も、ずいぶん時代がかった言葉ですが、戸籍関係の専門用語として、おさえておかなければならない言葉です。

自分より上の世代が尊属、下の世代が卑属です。上の世代であれば、本人より実際の年齢が下でも尊属となります。その逆に、下の世代であれば、実年齢が上でも卑属です。

かつては尊属殺人に対して特別に重罪とする刑法の条文がありましたが、１９７３年に最高裁で違憲判決が下されて以後適用されなくなり、１９９５年に条文が削除されました。

②　直系・傍系

直系とは、父母・祖父母・曾祖父母、子、孫など、図を上や下にのみ移動するだけでつながる関係です。傍系とは、直系以外のものです。

③　血族・姻族

血族とは、文字どおり血のつながりのある親族です（自然血族）。養子の場合は、血のつながりがなくても血族として扱われます（法定血族）。

養子から見て、養親の血族は血族とみなされます。一方、養親から見て、養子の血族は血族とはみなされません。養子の実の親との血族関係は、養子になった後も継続します。

姻族とは、配偶者の血族のことをいいます。

④　法律上の親族

親族とは、６親等以内の血族、および３親等以内の姻族、および配偶者です。民法７２５条で親族の範囲が定められており、法律上で意味を持っていますので、その例をあげておきます。

・直系血族および同居の親族は助け合わなくてはならない（民法７３０条）

・親族は、婚姻・縁組の取消請求権がある（民法７４４条、８０５～８０７条）
・子の親族は親権・管理権の喪失やその取消しの請求権がある（民法８３４～８３６条）
　ほかにも多くの条文上で意味がありますが、親族一般に対してでなく、「○親等以内の親族は……」というように範囲を限定している条文も多くあります。

効率的なつくり方

取得と読取りのサイクルの中に、作業用家系図譜への記入を入れると、できていくワクワク感もあってよいのではないでしょうか。

作業段階で記入していくこととすると、調査の結果を反映するごとにその配置を変更することが多くなります。名前・続柄・生没年などの項目を記載した付箋紙をひとり一枚つくり、調査結果に応じて貼る場所を移動させるようにすれば、その度に書き直す必要もなく、効率的でしょう。

すべての戸籍を取得してから描き始めてもまったくかまいません。ただし、その場合でも、いきなり清書するのはむずかしく、全体を適切に配置するには試行錯誤が必要となるでしょう。

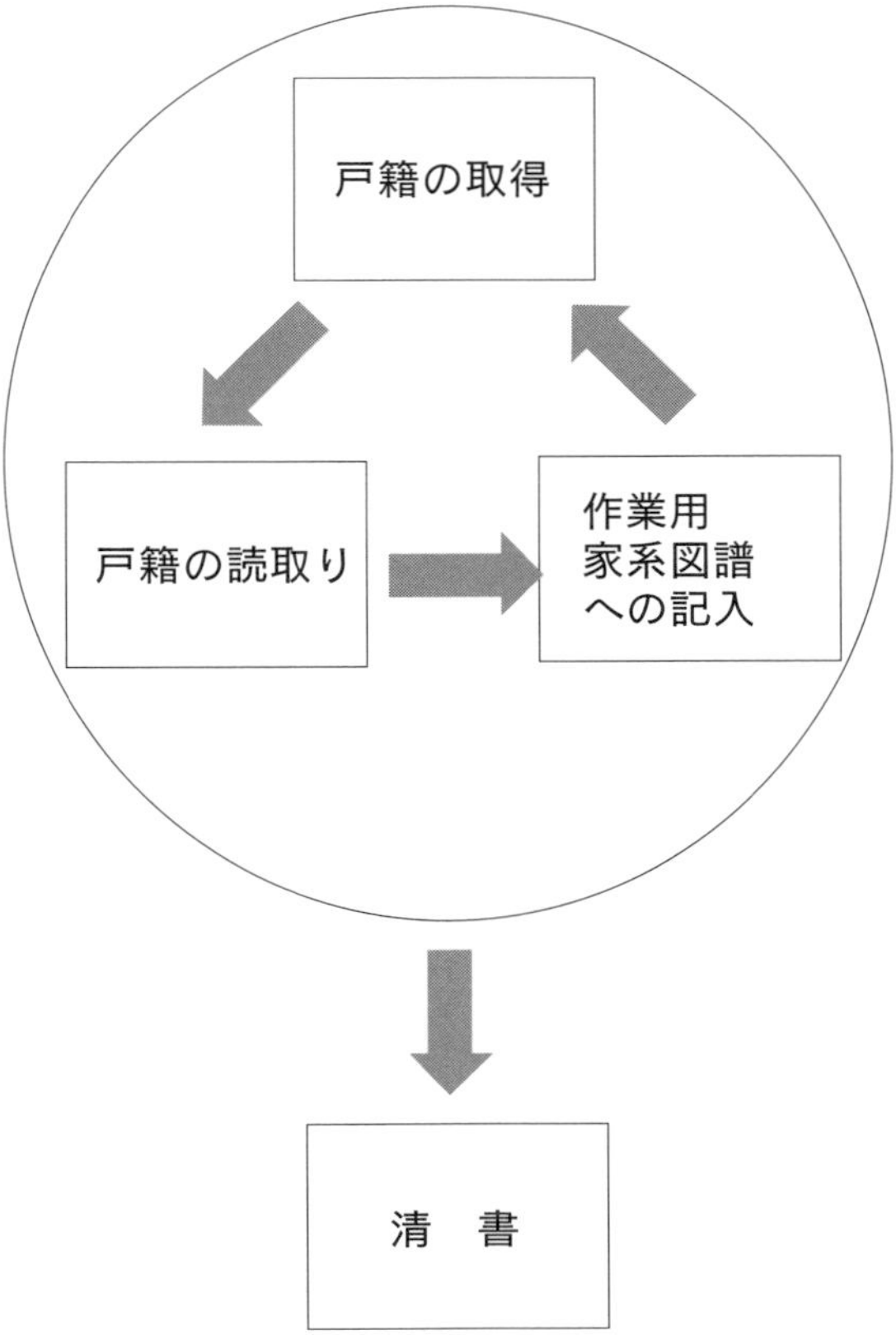

3 戸籍を手に入れる

昭和12年9月撮影（提供：松本紳義）

１．必要な情報

戸籍をさかのぼって情報を収集する場合、まず最初にやることは、いま自分が所属している戸籍を取得することです。戸籍は、本籍のある市町村の役所やその出張所に出かけて、あるいは郵便で、請求して取得することができます。

戸籍を請求する際には、必要とする戸籍の本籍と筆頭者名を明らかにしなければなりません。戸籍は本籍と筆頭者名で特定するためで、もしこれらの情報が判らなければ、手に入れることはできません。

まめ知識　戸籍筆頭者と本籍

戸籍筆頭者と本籍は、あわせて戸籍を特定するために使われるものです。

① 戸籍筆頭者

戸籍の先頭に書かれている人のことです。かつての家制度では、制度上特別な権限を持った「戸主」が先頭に書かれていましたが、現在の戸籍筆頭者には特別な権限はありません。

② 本　籍

本籍には、戸籍に記載される人が日本国内のいずれかの場所を任意に定めることができます。本籍が示す場所のことを「本籍地」といいます。これは現住所や出生地とは関係なく、日本国内であれば、どこでもかまいません。たとえば、甲子園球場のある場所に本籍を置いている人もいます。

ただ、実際に自分が使う時のことを考えると、郵便で請求できるとはいえ、返信用封筒や小為替等を用意するのは、やはり面倒です。住所と遠く離れた場所に置くのは不便でしょう。

また、本籍については、運転免許証をお持ちでしたら、通常は、そこに本籍地も記載されています（ただし、最近は、本籍地の記載されていない、ＩＣカード型免許証もあります）。

住民票で必要な情報を得る

戸籍筆頭者と本籍が判らない場合は、「住民票の写し」を手に入れましょう。

住民票の写しは、住民登録をしている市町村の役所あるいはその出張所（たとえば「市民センター」など、市町村により具体的な名称は異なります）などで請求できます。

請求にあたっては、運転免許証やパスポートなどの、本人であることを確認できる書類を提示する必要があります。また、請求をほかの人に頼む場合、使う人は誰であるのか、使用目的・請求理由は何か、の二点を明らかにしなければなりません。使用目的・請求理由を確認できる書類の提示が求められることもあります。

「住民票の写し請求書」には、本籍と筆頭者を表示するかどうかを指定する欄があるので、「表示する」を指定して請求します。なお、手数料は通常３００円です。

請求書の例

住民票の写し等請求書

（請求先）　横浜市　　　　　　区長

どなたの証明が必要ですか。　　　　　　　　年　　月　　日

住　所	区		
フリガナ 氏　名		電話	
		明・大・昭・平 年　月　日生	

どの証明が必要ですか。（手数料はすべて1通300円です）

住民票 （除票）	全員の写し	通	（上記の人以外で必要な人の氏名）
	一部の写し	通	氏名
記載事項 証明書	全員の写し	通	
	一部の写し	通	氏名

本籍・続柄の表示は省略します。表示が必要な場合は☑をしてください。

□ 本籍　　□ 世帯主の氏名及び続柄

※　住民票コードの記載が必要な方（本人・同一世帯員に限る）は、お申し出ください。

あなたと証明する人との関係に☑をしてください。

□ 本人　　□ 同一世帯員（氏名　　　　　　　　）

本人·同一世帯員の場合は以下の記入は不要です（除票を請求される方は下欄に住所·氏名等をお書きください。）

□ 本人・同一世帯員から頼まれた人　※委任状が必要です（別紙・裏面）

□ その他の人・法人

窓口に来た人	住　所		
	氏　名	㊞	電話
その他の人・法人	住　所		
	氏　名	㊞	電話

（その他の人・法人の場合は具体的な使いみちを記入し、その内容が確認できる資料をご提示ください。

□疎明資料）

★　基本的人権又はプライバシーの侵害につながるおそれのある場合は交付できません。

★　第三者請求で住民票を交付する場合は、原則本籍続柄を省略します。

★　偽りその他不正の手段により交付を受けたときは30万円以下の罰金に処せられます。

確認資料等	□運転免許証　□健康保険証　□旅件　□住基カード □年金手帳　□敬老証　□外登証 □聴聞　□その他（　　　　）

★本人確認を実施しておりますので、窓口に来た人の確認資料をご提示ください。

請求書は横浜市のもの。
名称・中身は市町村によって異なりますのでご注意ください。

【請求書記入事項】

＊　住所・氏名・生年月日

誰の住民票の写しがほしいのかを指定します。

＊　必要な書類の指定

必要な住民票の写しの種類を指定して、何通必要かを記入します。所帯全員の住民票を請求するか、一部の者のみにするかは、今回の目的ではどちらでもかまいません。

＊　表示する内容についての指定

本籍・筆頭者を表示することとします。

＊　窓口に来た人

なお、最近は、住民基本台帳ネットワークを利用して住民登録している市町村以外の役所からも住民票の写しを取得することのできるサービスが始まっていますが、このサービスでは本籍の表示はできませんので、ご注意ください。

まめ知識　住民票あれこれ

①　住民票、戸籍、戸籍の附票の関係

戸籍は家族関係を登録するものですから、登録されている人が同居しているか否かは関係ありません。したがって、本籍は住所とは関係ありません。

それに対して、住民票は現住所を証明するものであり、同居する所帯単位を、その所帯主と住所で特定して管理しています。現在は、コンピュータ化された住民基本台帳となっています。

戸籍の附票は、戸籍と住民票とをつなぐものです。本籍地において管理され、登録されている人の住所の履歴を記録しています。保存期間は5年とされているため、古い記録をずっと追っていくことはできません。

②　住民票に関係する主な法律

住民票に関する主な法律として、住民台帳基本法、住民台帳基本法施行令、住民台帳基本法施行規則があります。

これらの法律は、インターネットを使って無料で見ることができます。

《参考》ｅ－Ｇｏｖ法令検索
https://elaws.e-gov.go.jp/

✿ 住民票の写しを郵便で手に入れる

役所に出向くことができない場合は、郵送で請求することもできます。
郵送で請求する場合は、次のものを封筒に同封して送付します。

【送付するもの】

＊　請求書

請求書は、請求先の役所のホームページからダウンロードできます。基本的には、55ページの請求書の例に示した必要事項が記入されていれば、指定の書式でなくても対応してくれます。なお、郵送請求の場合は、昼間の連絡先も記入する必要があります。

＊　返信用封筒

宛先を記入し、切手を貼付したものを同封します。通常、宛先は住民登録してある自己の住所のみとなります。定型最大の長形３号の封筒（１２０×２３５ｍｍ）がよいでしょう。必要な切手は、住民票の写し１通であれば84円です。送ってもらう枚数が多い場合は、予備の切手を同封しておきましょう。Ａ４の用紙４枚と封筒で、84円で送ることができる最大の重量の25ｇ程度になります。50ｇまでは94円、１００ｇまでは１４０円かかります。

＊ **定額小為替**

手数料は１通あたり通常３００円です。

＊ **本人確認書類**

運転免許証、パスポートなどのコピーを添付します。

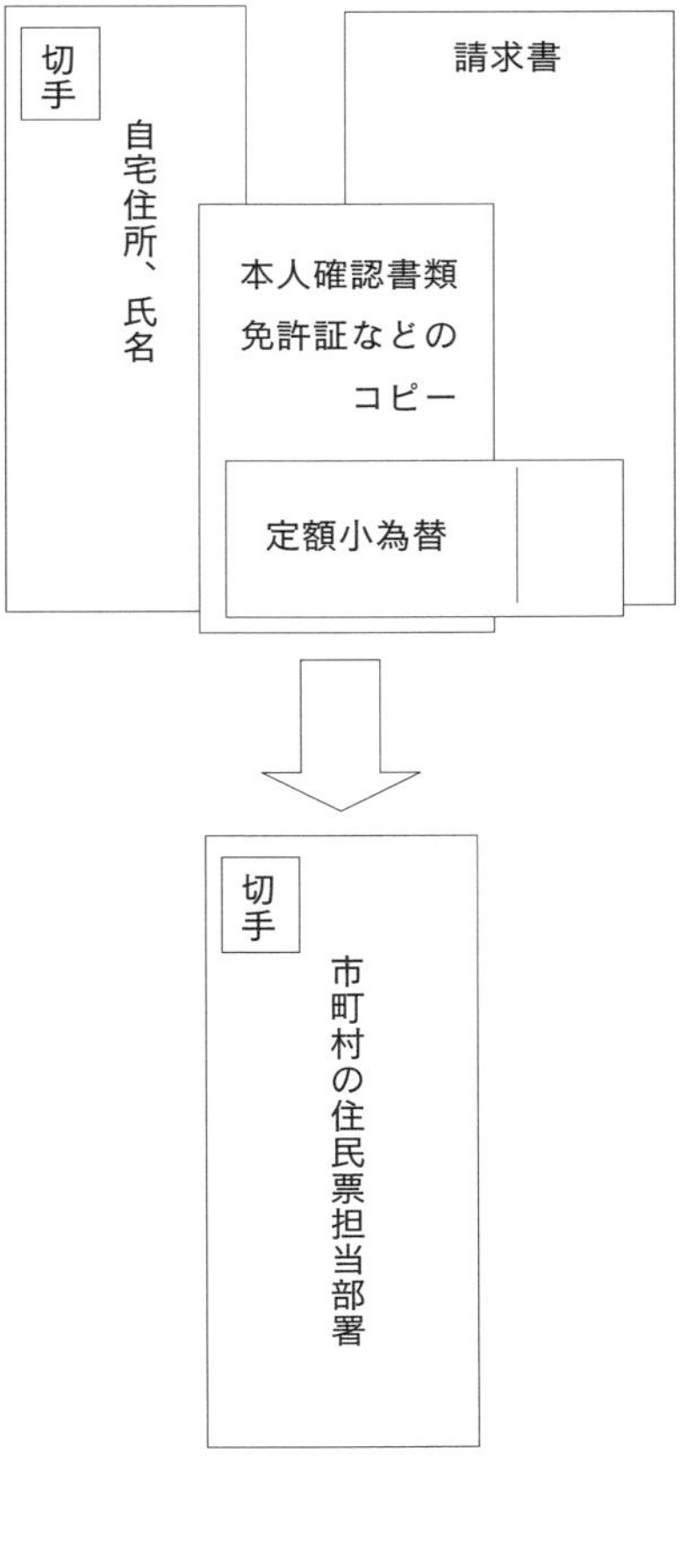

送付先は、市町村ごとに異なりますので、役所に確認することが必要です。役所のホームページからも知ることができますし、インターネットで検索する場合は、「市町村名　住民票　郵送請求」をキーワードに調べれば判ります。

まめ知識　請求の際の送付物あれこれ

①　定額小為替

定額小為替とは、ゆうちょ銀行が発行しているもので、主に小額の送金に使われます。50円、１００円、１５０円、２００円、２５０円、３００円、３５０円、４００円、４５０円、５００円、７５０円、１、０００円の12種類の定額の額面で発行されており、１枚発行するごとに、１００円の手数料がかかります。

ゆうちょ銀行で証書を発行してもらい、その証書を相手に送付します。次に相手がその証書をゆうちょ銀行に持っていくと、換金できるというしくみです。

定額小為替は、３つの部分に分かれています。相手に送付するのは、左部分の証書と中部分の払渡票で、切り離さずに、また表裏とも何も記入せずに送ります。右部分の受領証書は、手元に保管しておきます。

証書の換金期間は６か月です。これを超えてしまい、再発行してもらうような場合には受領証書が必要となります。

類似のものに、指定した金額で発行してもらう普通為替があります。普通為替の発行手数料は、金額が５万円未満の場合は４３０円、５万円以上の場合は６５０円です。金額が大きい場合には、こ

ちらのほうが有利ですが、住民票の写しや戸籍謄本の請求では、使う場面はないでしょう。

② 本人確認書類

以前の戸籍法第10条は、「何人でも、戸籍の謄本若しくは抄本又は戸籍に記載した事項に関する証明書の交付の請求をすることができる。」として、戸籍は公開することを原則としていました。それを運用で制限していたのです。しかし、昨今では、個人情報保護への意識が高まっています。そこで、平成20年5月からは、「戸籍に記載されている者又はその配偶者、直系尊属若しくは直系卑属は、その戸籍の謄本若しくは抄本又は戸籍に記載した事項に関する証明書の交付の請求をすることができる。」と、制限することが原則になりました。

請求を行うと、その請求を行っている者が法律で請求を認められた者かどうか、本人確認が行われます。そのために提出するものが本人確認書類で、資料の提示もしくはコピーの提出が法令で明確に定められています。本人確認書類には、１枚の提示でよいものと、２枚以上の提示が必要なものがあります。

1枚だけで済むものの例

・運転免許証
・マイナンバーカードあるいは写真付き住民基本台帳カード
・旅券（パスポート）

2枚以上必要なものの例

・写真の貼付のない住民基本台帳カード
・国民健康保険、健康保険、船員保険、または介護保険の被保険者証
・国民年金手帳

《参考》本人確認の説明（法務省民事局）
http://www.moj.go.jp/MINJI/minji150.html

2. 戸籍を手に入れる
～役所へ出向く場合

本籍地と戸籍筆頭者が判ったら、いよいよ戸籍を手に入れましょう。
戸籍は、その戸籍の本籍地のある市町村の役所で手に入れることができます。交付請求書に必要事項を記入して、本人確認書類を添えて窓口に提出します。

【請求書記入事項】（自分が入っている戸籍を請求する場合）

＊ **本籍・筆頭者**
戸籍を特定するのに必要な、本籍と戸籍筆頭者の氏名を記入します。

＊ **必要な書類の指定**
戸籍の全部事項証明書（謄本）を指定して、何通必要かを記入します。

＊ **窓口に来た人**

＊ **請求の理由**
「ご先祖様の調査」等、書式にあわせて記入します。

請求書の例

戸籍証明等請求書

(請求先)横浜市　　　区長　　　平成　年　月　日

■どちらの戸籍の証明が必要ですか　　※　注意事項をお読みください。

本籍	区		
筆頭者氏名	〔戸籍のはじめに書かれている人〕		明・大・昭・平　年　月　日生

戸籍	全部事項証明（謄本）	450円	通	どなたの証明が必要ですか名前を書いてください。
	個人事項証明（抄本）	450円	通	
除籍	全部事項証明（謄本）	750円	通	
	個人事項証明（抄本）	750円	通	（　　　明·大·昭·平　年　月　日生）
改製原戸籍	謄本	750円	通	
	抄本	750円	通	
届書記載事項証明(　　)		350円	通	
受理証明(　　)		350円 1,400円	通	
身分証明書		300円	通	
その他(　　)			通	

窓口に来た人 〔□ 請求者本人 □ 代理人·使者〕	住所	電話　（　　）	
	フリガナ		明·大・昭・平
	氏名		年　月　日生
	★ あなたが代理人、使者の場合、委任状等の権限確認書類が必要となります。		

請求者本人は	□ この戸籍に名前のある人 □ この戸籍に名前のある人の夫・妻・子・孫・父・母・祖父・祖母 □ その他の人（請求理由を詳細に記載してください）
請求の理由	□権利行使又は義務履行のため　□国又は地方公共団体の機関に提出 □その他 【ここに請求理由を詳細に記載してください】

権限確認書類	□委任状　□戸籍謄本　□登記事項証明書　□資格証明書　□社員証　□身分証明書 □その他(　　)
本人確認	① □運転免許証　□パスポート　□住基カード(写真入)　□外国人登録証　□その他(　　)
	② □健康保険証　□年金手帳　□住基カード(写真なし)　□介護保険証　□その他(　　)
	③ □学生証　□法人発行身分証明書　□その他(　　)
	聴聞　(　　)

請求書は横浜市のもの。
名称・中身は市町村によって異なりますのでご注意ください。

なお、請求書は、市町村によっては、住民票の写しや印鑑証明書等の請求とあわせて一枚の書式になっていることもあります。

まめ知識　戸籍あれこれ

①　戸籍・除籍・改製原戸籍

請求書を見ると、「戸籍」、「除籍」、「改製原戸籍」…耳慣れない言葉が並んでいますね。これらはいずれも、広い意味での戸籍です。詳しくは第４章で説明しますが、ここでもざっとみておきましょう。

▼戸籍：いま現在生きている人が入っているもの

▼除籍：生きている人がいなくなったもの

▼改製原戸籍：戸籍法の改正により書式変更が行われた時に、新しい書式に移し変えられる前のもの

②　謄本・抄本、全部事項証明・一部事項証明

戸籍の中に記載されているすべての情報を証明するのが謄本で、戸籍中の特定の人の情報を証明するのが抄本です。平成６年の法令に基づく戸籍のコンピュータ化以後は、謄本を全部事項証明書、抄

本を一部事項証明書と呼ぶようになりました。

③　戸籍のコンピュータ化

平成６年の戸籍法一部改正により、全国の市町村で戸籍のコンピュータ化が進められています。これは、戸籍を磁気ディスク等に記録し、それを蓄積したものを戸籍とするものです。実施は各自治体に任されているため、移行時期はさまざまで、終了期日も明確には定められていません。

戸籍は、和紙にタイプライターや手書きで記載して、保存されていました。戸籍謄本・抄本を発行する際には、手作業で原本を複写しなければなりませんでした。取扱いに、多くの手間や時間がかかっていたのです。戸籍のコンピュータ化は、インターネットなどで行政手続を行う「電子政府」実現の一環として、戸籍の簡明化、事務効率向上のために行われました。

コンピュータ化されたことによる変更点には、謄本・抄本の名称が変わったことのほかに、縦書きの文章形式で記載されていた証明書の書式が項目別・横書きになったこと、用紙にＡ４判縦長の偽造防止用紙が使われるようになったことなどがあります。また、公印はこれまで朱肉押印でしたが、黒色電子印となりました。

④　戸籍に関する主な法律

戸籍に関する主な法律として、戸籍法、戸籍法施行規則がありま す。これらも、法令データ提供システムで見ることができます。

《参考》ｅ－Ｇｏｖ法令検索
https://elaws.e-gov.go.jp/

窓口に出向いた人と必要書類

役所の窓口へは、人に依頼して行ってもらうこともできます。その戸籍謄本や住民票の写しで証明する人を「本人」として考えてみましょう。

たびたび触れてきましたが、戸籍謄本や住民票の写しの交付の請求の際には、本人確認書類の提示が義務づけられています。また、本人が出向く場合と依頼された人が出向く場合とで、必要な書類は異なります。

これをまとめると、69ページの図のようになります。

第三者は、「権利の行使・義務の履行のために必要である」、「国または地方公共団体に提出する必要がある」など、請求の正当性を説明できない場合は交付を受けることはできません。偽りその他不正な手段により交付を受けるのは、処罰の対象となります。

使う人	本人		第三者
窓口に出向いた人	本人	本人から依頼された人	第三者
必要書類	本人確認書類	窓口に来た人の本人確認書類 委任状	窓口に来た人の本人確認書類 使う人と窓口に来た人が違う場合は委任状も必要

（委任状の例）

平成　　年　　月　　日

委　任　状

千代田区長殿

委　任　者

住　所 ____________________

____

委任者氏名（自署） ____________________ ㊞

生　年　月　日 ____________________

下記の者を代理人と定め、私の

____________________ を ____________ 通

受け取ることを委任します。

記

住　所 ____________________

氏　名 ____________________

《ご注意》
※委任者がすべてお書きください。
※代理人様を確認いたします。住基カード、運転免許証などをご持参ください。

書式は千代田区のもの。
委任状については、指定の書式のない市町村が多いようです。お手持ちの便箋等に例示の内容を記入して提出すればよいでしょう。

✿ 戸籍と請求者との関係を説明する書類

戸籍を請求できる人は、「戸籍に記載されている者又はその配偶者、直系尊属若しくは直系卑属」に制限されています（戸籍法10条）。

請求する戸籍に名前のある人が請求する場合はよいのですが、そうではない場合、戸籍と請求者との関係を説明する書類を提示して、請求が認められた者であることを示す必要があります。具体的には、その戸籍や除籍の請求にいたるまでに取得した戸籍・除籍のうち、必要な関係が出ているページを示すことになります。自分が記載されている戸籍から順次たどることができること、途中が抜けないことが必要です。

例えば、自分と父方の曾祖父の関係を示すには、次の2通の戸籍があれば足ります。

*自分と祖父が入っている父親の戸籍
*曾祖父が入っている祖父の戸籍

3. 戸籍を手に入れる
～郵送請求する場合

役所に出向くことができない場合は、郵送での請求をすることもできます。郵送で請求する場合は、次のものを封筒に同封して送付します。

【送付するもの】

＊　戸籍事項証明書等請求書

本籍のある市町村の役所のホームページからダウンロードできます。基本的には、必要事項が記入された用紙であれば、指定の書式でなくても対応してくれます。郵送請求の場合は、昼間の連絡先の記入が付加的に必要になります。

＊　返信用封筒

宛先を記入し、切手を貼付したもの。通常、宛先は住民登録してある自己の住所のみとなります。

＊定額小為替

一通あたり、戸籍は４５０円、除籍・改製原戸籍は７５０円です。

＊本人確認書類

運転免許証、パスポートなどのコピーを添付します。

＊戸籍と請求者との関係を説明する書類

請求する戸籍に名前がある人が請求する場合には必要ありません。

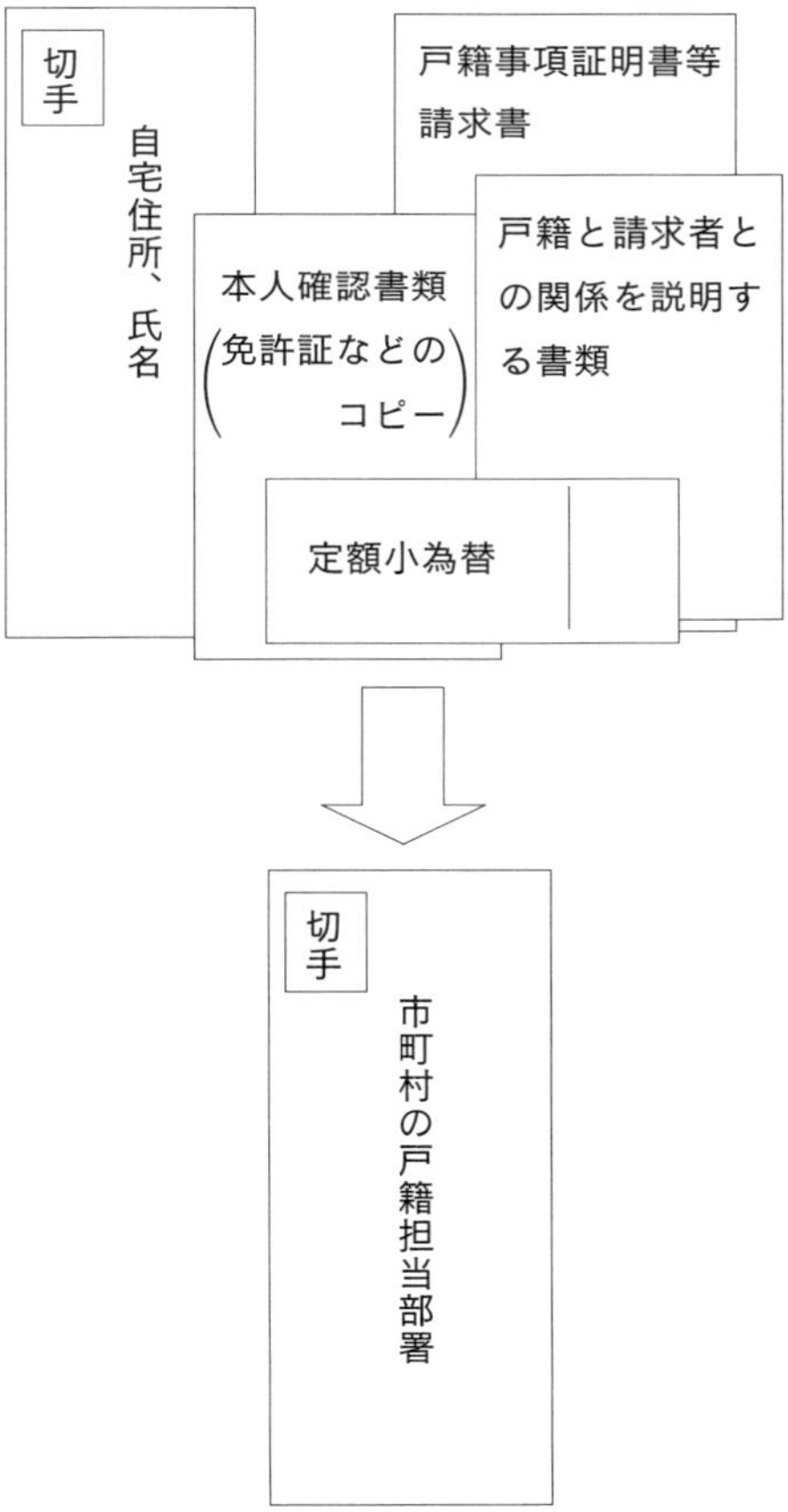

チェック欄がある請求書の例

本　　籍		番地まで記入してください。 本籍地の市町村役場に請求してください。
筆頭者名		戸籍の最初に書かれている人です。 死亡しても変わりません。
戸籍に記載されている方との関係	該当するものに○をつけてください。 1　戸籍に記載されている本人 2　戸籍に記載されている人（　　　　）の夫・妻・子・孫・父・母・祖父・祖母 3　その他 ※請求者が法人の場合、代表者の資格証明書が必要です。	
使用	どこに提出しますか。（　　　　） 何に使われますか。（　　　　） ※　相続などで、具体的に必要な内容がわかっている場合は記入してください。 □今回は、（　　　　）が死亡したことによる手続きで、 （　　　　）について　①（　）歳から（　）歳までのものが各（　）通必要 ②　出生までさかのぼったものが各（　）通必要 □　（　　　　）と（　　　　）の関係のわかるものを（　）通 ※ 請求者が「3　その他」に該当する場合には、下記のいずれかにチェックをつけ、請求の理由を詳細に記載してください。 □権利行使・義務履行のため　→　下記に権利・義務の発生原因、内容とその権利行使または義務履行のために	

まとめて請求する方法

ご先祖様の戸籍が数個、同じ役所にありそうな場合には、１個の戸籍ごとに何度も請求するより、まとめて請求してしまいましょう。そのほうが、自分にとっても役所にとっても、受渡しや本人確認などの手間が省けることになります。

まとめて請求する場合、請求書に「生まれてから死ぬまでの戸籍」というようなチェック欄があれば、そこにチェックをつけます。チェック欄がない場合には、「○○の生まれてから死ぬまでの戸籍をお願いします」などと空いているところに書いておけば、対応してもらえるでしょう。

なお、この場合には返送用の切手と定額小為替を多く入れておきましょう。余った分は送り返してくれます。

まめ知識

行政書士に依頼すると、自分で入手するより広い範囲の戸籍が手に入る？

行政書士や弁護士などは、職務執行に付随して戸籍を取得することができます。それでは、たとえば行政書士に依頼すれば、自分で申請・取得するよりも広い範囲の戸籍を手に入れることができるのでしょうか。

インターネット上や本の中に、そう理解してしまいそうな文章が見受けられますが、結論から言うと、そういうことはありません。手に入れることができるのは、自分が手に入れられるのと同じ範囲の戸籍です。

行政書士は、たとえば相続手続のために相続人を特定する必要がある場合には、被相続人の兄弟姉妹などの戸籍を取得することがあります。しかし、これはあくまでも「相続」という目的があるから可能なのです（相続人を特定するというような目的がある場合は、本人でもその目的を役所に説明することにより、通常より広い範囲の戸籍を取得することができます）。「家系図作成」が目的の場合は、依頼者の直系尊属、直系卑属あるいは配偶者を含む戸籍の範囲しか取得できません。

4 戸籍の編製から廃棄まで

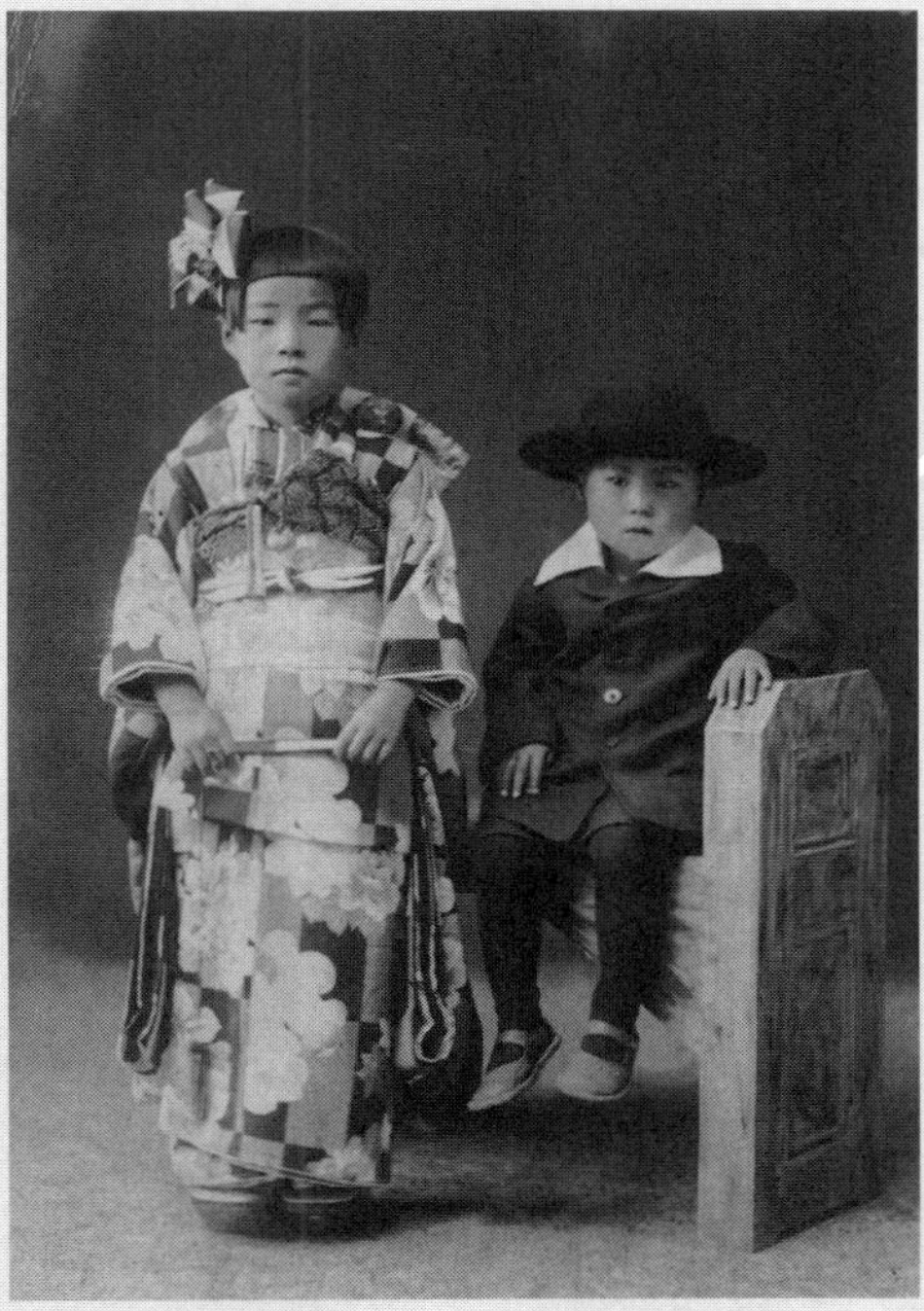

大正時代初期に撮影（提供：大竹勝治郎）

第４章　戸籍の編製から廃棄まで

1．戸籍がなくなるまでの流れ

抜けがないように戸籍を取得し、情報を正しく読み取っていくためには、戸籍が作られてから廃棄されるまでの流れを知っておく必要があります。まずは、その説明をしましょう。

戸籍が作られることを「編製」といいます。次ページの図は、ある人を戸籍筆頭者とする戸籍がはじめて編製されたのち、さまざまな原因により何度か新たな戸籍に移されることを経て、最終的にその人を戸籍筆頭者とする戸籍がなくなるまでを例示したものです。

なお、この例は昭和23年改正以後の現行の法律に対応したものです。旧法（大正3年の戸籍法およびそれ以前の戸籍法）では、戸籍筆頭者は戸主とされていました。また、当該戸主を筆頭者とする戸籍は、家督相続や分家により作られるのが一般的でした。

戸籍がなくなるまでの流れ

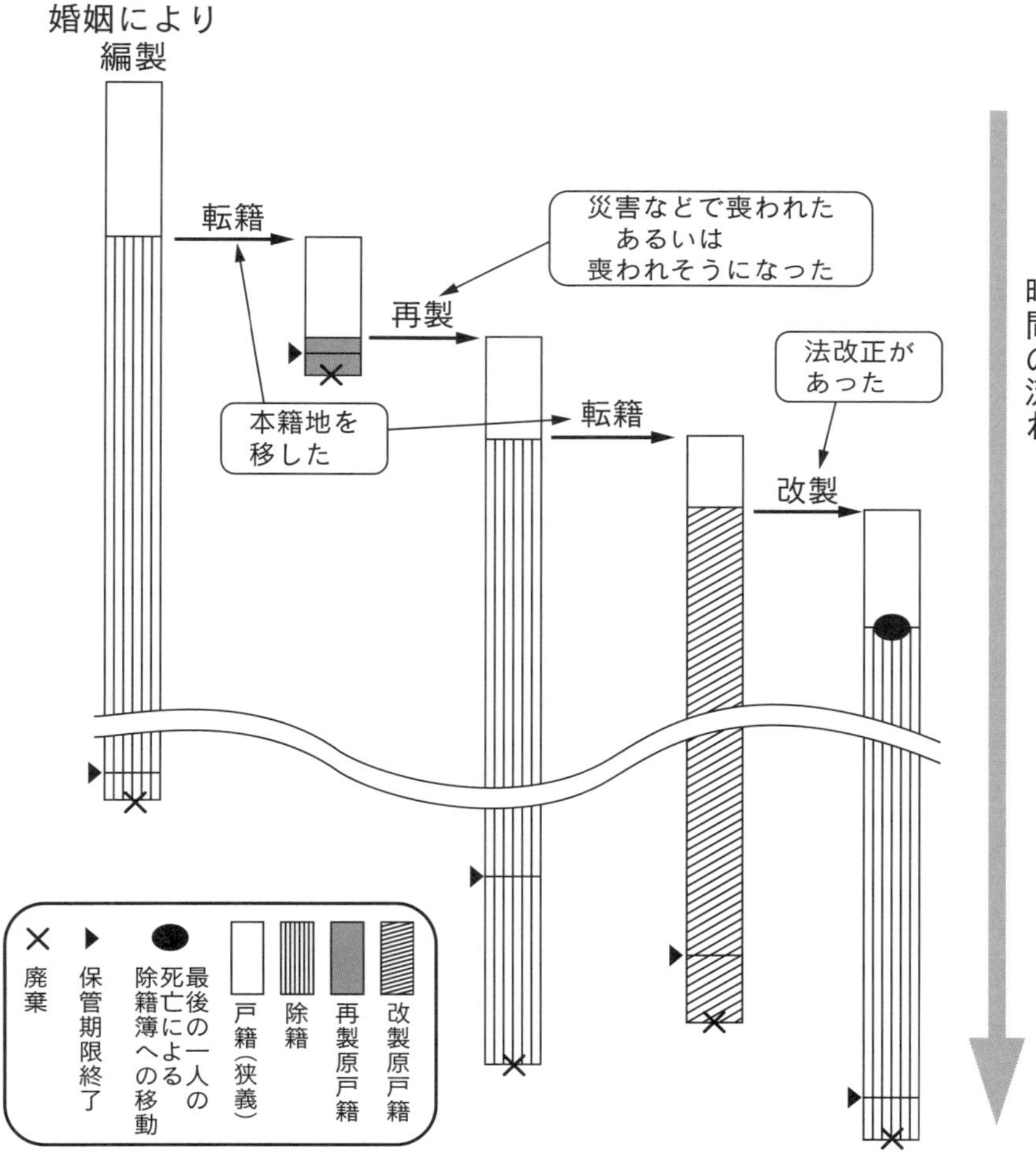

2. 戸籍／除籍／改正原戸籍／再製原戸籍

「広義の戸籍」と「狭義の戸籍」

いっしょくたに「戸籍」といいますが、「戸籍」には「広義の戸籍」と「狭義の戸籍」があります。

狭義の戸籍とは、いま現在、生存している人が入っている戸籍のことで、現戸籍と呼びます。広義の戸籍は、現戸籍・除籍・改製原戸籍・再製原戸籍、すべてを含んだもの全体を意味しています。

「原戸籍」を「ハラコセキ」と読んで、「現戸籍」と区別することもあります。

除籍

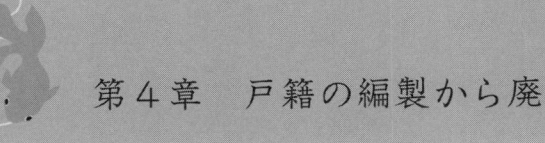

編製された戸籍には、出生、婚姻、養子縁組など、種々の原因で人が登録されます。戸籍に登録されることを「入籍」といいます。逆に、死亡、離婚、養子縁組の解消、婚姻で戸籍を独立させた場合などには、戸籍から抜けることになります。戸籍から抜けることを「除籍」といいます。

個人個人の除籍により生存している人がいなくなった戸籍は、除籍簿に入れられます。除籍簿に入った戸籍そのものも「除籍」といいます。

除籍の保存期間は、法律で80年と定められています。80年を超えて保存する義務はありませんから、昭和初期の除籍については、市町村によっては廃棄されてしまっていることもあります。

また、保存期間を過ぎた除籍を長期間残している場合でも、その取扱いは役所しだいです。80年を超えた除籍は残っていても出さないようにしている役所もあるようですし、残っている限り出してくれる役所もあります。

改製原戸籍

戸籍法の改正により書式変更が行われると、すでに作成されていた戸籍は新しい書式で作りかえられます。これを「改製」といいます。ただちにすべての戸籍を作りかえるのは不可能ですから、時間をかけて順次改製されます。改製前の戸籍を「改製原戸籍」といい、戸籍に「改製原戸籍」と表示されます。

改製後の戸籍には、改製時点ですでに除籍になっていた人など、無効な情報は転記されません。そのため、情報の収集の際には改製原戸籍も入手する必要があります。そうしないと、転記されなかった情報が抜け落ちてしまうことになります。

現行の戸籍は、１９４８年（昭和23年）制定の戸籍です。それ以前の戸籍は、「昭和改製原戸籍」ともいわれます。当初は保存期間が50年とされていましたが、のちに80年に変更されました。また、戸籍のコンピュータ化が済んでいる自治体では、１９４８年制定の戸籍は「平成改製原戸籍」として、改製から１００年保存されます。

なお、改製については、第６章で詳しく説明します。

再製原戸籍

戸籍が災害などにより滅失したとき、また、たとえば紙がボロボロになるなど滅失するおそれがあるときには、戸籍を再製します。再製された戸籍の内容は、もとの戸籍とまったく同じです。

戸籍を再製した場合の、そのもとの戸籍のことを「再製原戸籍」といいます。これは請求の対象ではありません。
再製原戸籍は、1年間保存されたあとに廃棄されます。

まめ知識　戸籍の管理・保存

① 戸籍は二重に管理される

戸籍は、日本国民の身分を証明するための大事な情報です。そのため、戦争、自然災害、火災などにより情報が滅失してしまわぬよう、二重に管理されています。

戸籍の正本は市町村役所に保存されていますが、その副本は管轄法務局あるいは地方法務局に保存されており、一方が失われた場合にも再製できるようなしくみになっているのです。

② 80年間経たなくても入手できない除籍もある

80年間の保存が義務づけられている除籍ですが、実は、保存が保証されない場合もあります。戦争・災害などによる被害が大きく、予備の副本まで失われてしまったような場合です。

たとえば関東では、関東大震災、東京大空襲で大規模に失われてしまっています。

③　転籍や改製で消えてしまう人もいる

「転籍」とは、本籍を別の場所に変更することです。他市町村へ変更した場合、それまでの戸籍は除籍となり、変更先の市町村で新しい戸籍が編製されます。また、「改製」は、法改正により戸籍を新しい書式で作りかえることでした。

転籍や改製でできた戸籍には、その時点で有効な情報は転記されるのですが、無効になっている情報は転記されません。これを利用して、離婚歴を消す方もいます。

コンピュータ化による改製でも、従来の改製のやり方が踏襲されています。つまり、離婚した家族や亡くなられた家族の記録は、新しい戸籍には移されていないのです。

特に家族を亡くされた方にとっては、最新の戸籍を見るとその亡くなった家族の情報が消えてしまっているので、これを悲しいと思われるのも当然でしょう。すべての情報を転記するようにしてほしいとの要望をもつ方も多いようです。

役所の側ではむやみに仕事が増えるのは避けたいでしょうが、新しい転籍・改製のやり方を考えてもよいのではないでしょうか。

3．戸籍ができる原因、なくなる原因

戸籍が作られることを「編製」といい、逆に、除籍簿に移されることや改製原戸籍、再製原戸籍になることを「全戸除籍」といいます。

「編製」や「全戸除籍」は、どのようなときに行われるのでしょうか。

現行の戸籍法（新法）と大正３年の戸籍法（旧法）以前とでは、「家」制度の有無により、編製原因、全戸除籍原因に大きな違いがあります。

それぞれみていきましょう。

編製原因

適用法	編製原因	
新旧共通	改製、再製	
	別の市町村からの転籍	同じ役所の管轄範囲内の転籍のときは、戸籍を編製しません。
大正３年戸籍法	家督相続	「家制度」に基づいたもの。「家」を引き継ぐときには戸主が替わるので新戸籍を作りました。家督相続回復、前戸主の失踪宣告の取消し、隠居の取消しのときも新戸籍を作りました。
	分　家	「家制度」に基づいたもの。戸主の兄弟姉妹などに「家」を分けるときに、新戸籍を作りました。
	廃絶家再興	「家制度」に基づいたもの。廃家あるいは絶家になった「家」を再度興すときは、新戸籍を作りました。
	一家創立	次のときに一家創立となりました。 ・子の父母が知れないとき ・嫡出でない子が戸主から入家を拒否されたとき ・復籍すべき家がない、あるいは復籍拒絶されたとき ・家族が戸主から離籍されたとき ・絶家に家族がいるとき ・外国人が帰化したとき、元日本人の国籍を復帰したとき ・日本で生まれた子の父母がどこの国籍も持っていないとき ・戸主でない者が爵位を授けられたとき ・皇族が臣籍に降下されたとき

現行戸籍法	
婚姻したとき	ただし、次のときは編製されません。 ・戸籍筆頭者が自分の氏を称する婚姻をするとき（配偶者がその戸籍に入籍するので、新たな戸籍の編製は行われません） ・戸籍筆頭者が外国人と婚姻するとき（戸籍筆頭者でないときは、相手の氏を称するかどうかに関係なく、新たな戸籍を編製します）
分籍するとき	「分籍」とは、成人であり、戸籍筆頭者でもその配偶者でもない者が、複数人いる戸籍から、ひとりだけ独立した戸籍にすることです。
戸籍筆頭者以外の者が、同一の氏を称する子または養子を持ったとき	新法では3世代戸籍が禁止されているので、戸籍を分けることになります。
離婚あるいは離縁などにより、もとの氏に復する場合に、もといた戸籍が除籍になっていたとき、または新戸籍編成の申出があったとき	
離婚や離縁した者が婚姻や養子縁組中に称していた氏を称することを申し出るときで、申し出た者が戸籍筆頭者でないとき	
配偶者のある者が縁組や離縁により氏を改めるとき	
外国人と婚姻して氏を変更、あるいは離婚して復氏する届出があった場合で、その者の戸籍に子がいるとき	
外国人と日本人の子で、現在日本人の親の戸籍内の者が、外国人の親の氏に変更するとき	
性別の取扱いの変更の審判があった場合に、その者の戸籍が単独でないとき	
帰化などにより、新規に戸籍が必要になったとき	
皇族がその身分を離れるとき	

全戸除籍原因

適用法	全戸除籍原因	
新旧共通	改製、再製	喪われた戸籍を再製した場合は、再製原戸籍はできません。
新旧共通	別の市町村からの転籍	同じ役所の管轄範囲内の転籍のときは、全戸除籍になりません。
大正３年戸籍法	廃　家	戸主が婚姻・養子縁組などの理由でほかの「家」に入るために、もとの「家」を廃すること。戸主が「家」を廃する届出を行い、ほかの「家」に移ったのが確認された段階で全戸除籍になりました。なお、廃する「家」がその戸主が新たに作った家でない場合（家督相続で戸主になった場合）は、裁判所の許可が必要でした。
大正３年戸籍法	絶　家	家督相続が開始したが、家督相続人がないために「家」が消滅すること。戸主に財産があったような場合には、家族以外からも家督相続人を求めたようです。負の財産が多い場合には、家族が無財産を証明して、裁判所の許可を得てもともとの「家」を絶家して、新たに一家創立をすることもありました。相続放棄に相当するものですが、「家」と財産がつながっていたため、複雑な手続きになっていました。
大正３年戸籍法	家督相続	「家制度」に基づいたもの。家を引き継ぐときには戸主が替わるので、新戸籍を作ってもとの戸籍は全戸除籍としました。

現行戸籍法

死亡や婚姻により戸籍内の全員が除籍になったとき

5 戸籍書式の時代による違い

大正時代初期に撮影（提供：大竹勝治郎）

第５章　戸籍書式の時代による違い

日本の戸籍制度の歴史は古く、第２章で説明したように大化の改新（６４５年）までさかのぼります。江戸時代には全国的な統一されたしくみはなく、各藩ごとのしくみで運用されていました。

新しい動きがあったのは、明治時代です。明治元年（１８６８年）11月に京都府で戸籍士法（「京都戸籍」ともいいます）が制定され、明治２年にこの戸籍士法を全国的戸籍法として採用するよう、各府県に頒布されました。もっとも、詳細な規則までを一律に定めたものではありませんでした。この時代の戸籍の大きな目的は、脱籍して不穏な動きをする者を取り締まるというものだったからです。翌明治３年には、「脱籍無産ノ輩復籍規則」という法律も定められました。

その後、明治５年、さらなる中央集権政治強化のため、人民の行政的警察的管理を徹底すべく、全国統一のしくみを定めた戸籍法が制定されます。これが、現在の戸籍制度の直接の前身といえるものです。この戸籍法は行政的警察的管理を主目的としていましたが、身分登録の機能も備えていました。

戸籍の書式は明治５年式、明治19年式、明治31年式、大正４年式、昭和23年式と変更されており、さらに平成６年のコンピュータ化を含めると、６回、変更されています。

本章では、それぞれの書式について説明していきます。さらに、書式変更に伴う改製についても解説を加えていくこととしましょう。

まめ知識　戸籍は美濃紙

正倉院には美濃（岐阜県南部）・筑前（福岡県西部）・豊前（福岡県東部と大分県北部）の戸籍が残っていますが、この戸籍に使用されている紙が、日本で製紙された最古の紙であるといわれています（７０２年）。原料は麻でした。

一方、現存する世界最古の紙は、紀元前１５０年頃の中国の放馬《ほうば》灘紙《たんし》です。欧州にはじめて製紙術が伝わったのは、スペインのハティバに伝わった１１５１年といわれています。

古来より美濃は紙の名産地として知られ、さらに中世以後には紙の集散地としても栄えました。美濃の紙は和本の用紙に用いられ、美濃紙、美濃判との言葉が一般化しました。後には、「凡《およ》そ障子紙の類は美濃を最上とす」との評価も受けました。この流れで、明治時代に戸籍制度が始まった際にも、「美濃紙ノ寸法ヲ準トシ公用ノ罫紙ヲ用ユヘシ」と、美濃紙が用紙を選ぶ際の基準に使われたのです。

大正３年の戸籍法施行細則では、戸籍に用いる用紙は「強靭ナル美濃紙」とされ、これは昭和19年に「日本標準規格B列四番ノ強靭ナル用紙」に変わるまで続きました。

第５章　戸籍書式の時代による違い

1．明治5年式戸籍

（適用期間：明治5年2月1日～明治19年10月15日）

明治5年式戸籍は、明治4年4月4日の太政官布告一七〇号の戸籍法に基づいて施行され、これにより、日本の最初の全国統一様式の戸籍ができました。実際に運用が始まったのは翌明治5年なので、この名で呼ばれています。その年の干支である壬《みずのえ》申《さる》にちなんで「壬申戸籍（じんしんこせき）」とも呼ばれます。

戸籍の編成単位は「戸」とされており、日本国臣民を対象として、現実に生活をともにする戸主と家族がひとつの戸籍に入れられていました。本籍は、住所地において屋敷にふられた番号（屋敷番）が登録されていて、住所登録の性格も持っており、現在の住民基本台帳の役割も果たしていました。全戸除籍の規定がなく、戸主が替わっても新しい戸籍は編製されませんでした。

この戸籍には、華族・士族・平民の別に始まり、職業、寺、氏神なども記載されていました。今の戸籍からは考えられませんね。また、差別につながる情報や、病歴・犯罪歴も記載されていたため、現在は公開されていません。

まめ知識　誤記の訂正

戸籍の記載に誤記があったとしましょう。これを訂正したときには、欄外に訂正・追加・削除した文字数を書いて、そこに認印が押されます。

町の名前が「緑」に訂正され、「入籍通知ニ因リ除籍」の9文字が削除されています。

一度記載された事項を、錯誤で間違っていたことが判明したなどの理由で訂正する場合には、その訂正事由を事項欄に記載するものとされています。

記載時点には正しかった内容が、のちに外部状況の変化により正しくなくなったとき、たとえば行政区画が変更されたような場合には、訂正しないままでも訂正されたものとみなされます。法律上は「訂正しても良い」とされていて、訂正は義務ではありませんが、ほとんどの場合は訂正されます。この訂正のときには、単に消し線で消して横に正しい内容が記載されるだけで、訂正の理由は記載されません。

2. 明治19年式戸籍

（適用期間：明治19年10月16日～明治31年7月15日）

明治19年式戸籍は、明治19年9月28日の内務省令一九号、10月16日の内務省令二二号、内務省訓令二〇号によって施行されました。現在残っているものは、除籍または改製原戸籍です。

本籍を住所地において登録する点は明治5年式戸籍と変わりませんでしたが、土地台帳の整備に伴い、原則は屋敷番から地番に変わりました（部分的に屋敷番のところも残りました）。また、この戸籍から、転籍や家督相続に伴う除籍制度が設けられました。

明治19年式戸籍の書式では、事項欄が各人4行しかなく、記載内容も明治31年以後に比べると簡略でした。たとえば、出生については生年月日が名前の左に記入されるだけで、事項欄には記載されませんでした。

明治19年式戸籍

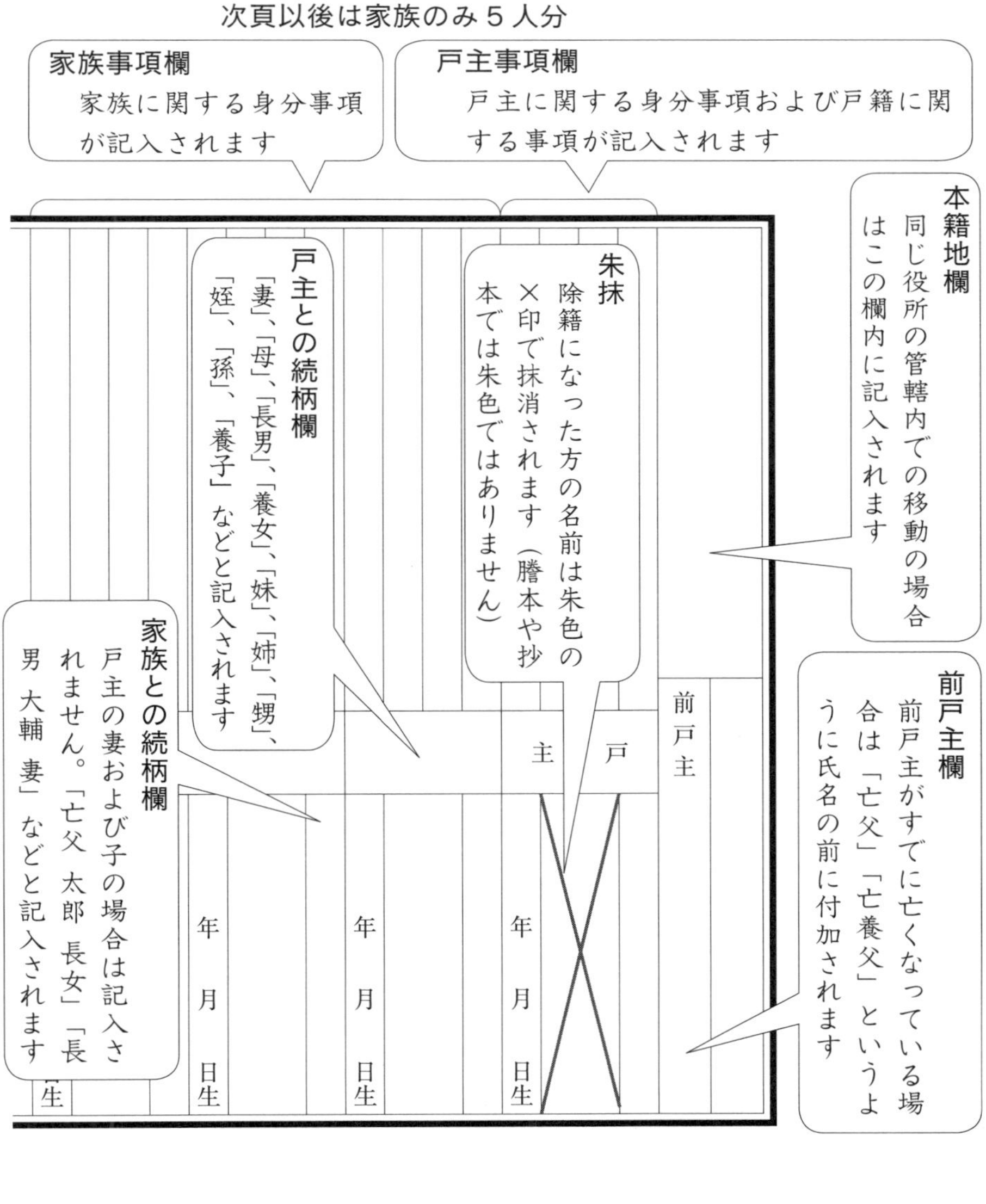
次頁以後は家族のみ５人分
家族事項欄
家族に関する身分事項が記入されます
戸主事項欄
戸主に関する身分事項および戸籍に関する事項が記入されます
本籍地欄
同じ役所の管轄内での移動の場合はこの欄内に記入されます
朱抹
除籍になった方の名前は朱色の×印で抹消されます（謄本や抄本では朱色ではありません）
戸主との続柄欄
「妻」、「母」、「長男」、「養女」、「妹」、「姉」、「甥」、「姪」、「孫」、「養子」などと記入されます
家族との続柄欄
戸主の妻および子の場合は記入されません。「亡父 太郎 長女」「長男 大輔 妻」などと記入されます
前戸主欄
前戸主がすでに亡くなっている場合は「亡父」「亡養父」というように氏名の前に付加されます
前戸主
戸
主
年 月 日生
年 月 日生
年 月 日生
生

明治19年式戸籍の例

除籍

東京市麹町区有楽町弐丁目壱番地

六

明治七年参月拾弐日相続㊞明治弐拾年六月五日本籍地変更届出同日受附㊞明治参拾五年五月七日午後八時死亡同月拾日届出同日受附㊞明治参拾五年五月拾九日日本一郎ヨリ家督相続届出同日受附㊞

嘉永五年八月七日埼玉県入間郡入間川村拾番戸鈴木貫太郎長女入籍ス㊞

明治弐拾弐年六月拾五日死亡㊞

明治九年五月拾五日大阪府西成郡玉造村拾番地佐藤次郎参女入籍ス㊞

明治参拾五年五月七日夫太一死亡㊞

前戸主
亡父　日本　太郎

戸主
亡父太郎長男
日本太一
嘉永七年拾弐月五日生

母
亡父太郎妻
アサ
天保参年五月六日生

妻
トミ
安政四年七月六日生

長男
一郎
明治拾年九月八日生

明治弐拾九年拾月弐拾壱日東京市麹町区祝田町八番地高橋卯吉ニ嫁ス㊞

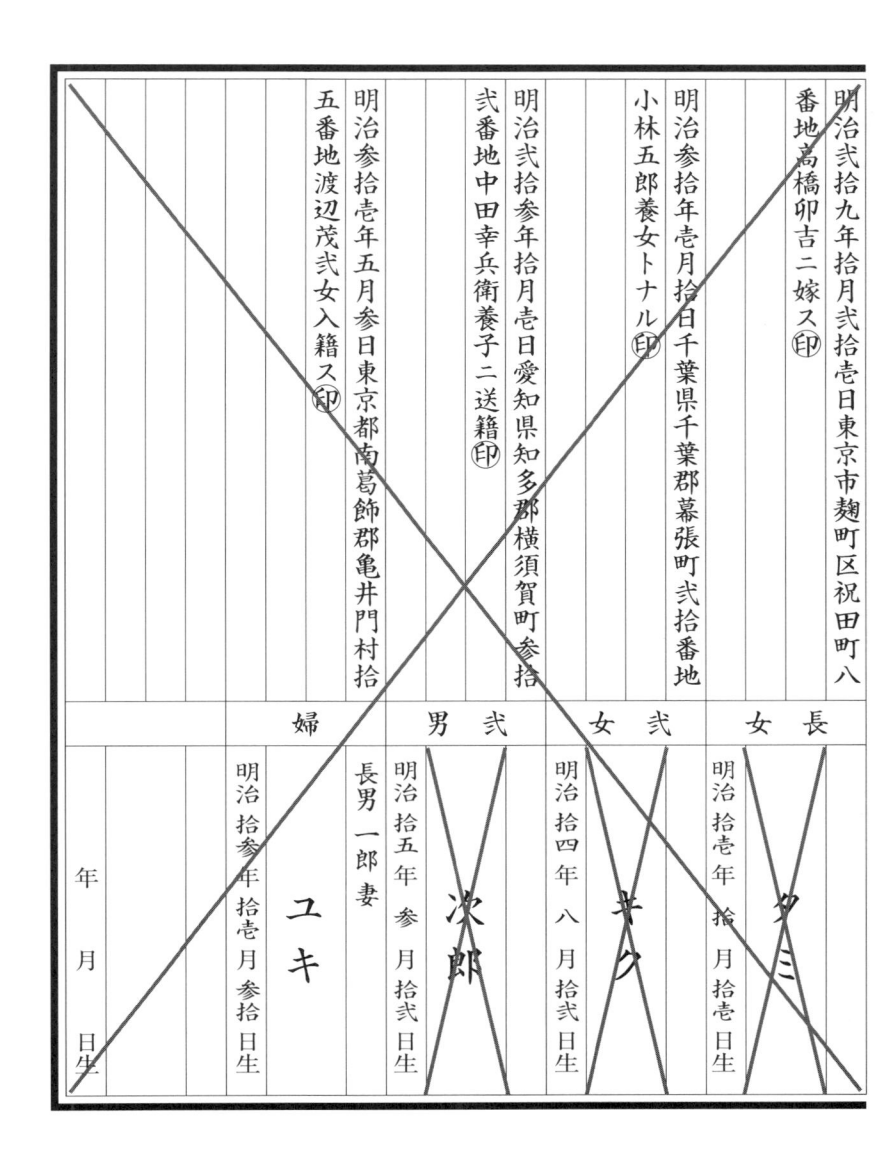

明治参拾年壱月拾日千葉県千葉郡幕張町弐拾番地小林五郎養女トナル㊞

明治弐拾参年拾月壱日愛知県知多郡横須賀町参拾弐番地中田幸兵衛養子ニ送籍㊞

明治参拾壱年五月参日東京都南葛飾郡亀井門村拾五番地渡辺茂弐女入籍ス㊞

長女	弐女	弐男	婦	
タミ	キク	次郎	長男一郎妻 ユキ	
明治拾壱年拾月拾壱日生	明治拾四年八月拾弐日生	明治拾五年参月拾弐日生	明治拾参年拾壱月参拾日生	年月日生

第5章　戸籍書式の時代による違い

戸籍中に記載されている人物について、戸籍から読み取ることのできる情報をまとめてみましょう。

太一について

出生

嘉永7年12月5日、父・太郎とその妻・アサの長男として生まれました。

アサが母親であることは、アサの戸主との続柄欄から判ります。

家督相続

明治7年3月12日に、前戸主・太郎より家督を相続して戸主となりました。その時の本籍は「東京市麹町区有楽町二丁目五番地」でした。

この時点の記載の規則では、家督相続は、戸籍上はただ「相続」と記載されました。現在の相続があくまでも財産を相続するだけで戸籍には関係ないのに対して、この時代の相続は、「家」制度における「戸主」という地位を継承するものでしたので、戸籍にも記載されているのです。「戸主」は戸籍を識別する情報ですので、家督相続すると新しい戸籍が編製されました。

なお、太一が家督相続する前の戸籍の戸主は太郎ですが、相続時期からみて、太郎を戸主とする戸籍は明治5年式なので、取得できません。

転籍

明治20年6月5日に「東京市麹町区有楽町二丁目五番地」から「同六番

地」へ、転籍をしました。同じ役所が管轄する地域内の転籍でしたので、本籍欄の変更箇所を修正されるだけで、新たな戸籍の編製はありません。

死亡

明治35年5月7日午後8時に死亡。5月10日に届出され、同日付で受け付けられました。死亡により、名前の欄が朱抹されました。なお、朱抹とは、朱のインクで×印を重ね書きして、抹消されたことを示す記載方法です。

全戸除籍

明治35年5月19日、長男の一郎から家督相続の届出があり、同日付で受け付けられました。記載の規則が変わっており、単なる「相続」でなく「家督相続」と記載されています。これにより一郎を戸主とする新しい戸籍が編製され、この戸籍は全戸除籍となりましたので、戸籍全体が朱抹されました。

アサについて

出生

天保3年5月6日。

婚姻

埼玉県入間郡入間川村十番戸の戸主・鈴木貫太郎の長女だったアサは、嘉永5年8月7日に太一の父・太郎の妻となり、入籍しました。明治5年式戸籍の施行より前なので、入籍前の戸籍はありません。

死亡

明治22年6月15日に死亡。名前の欄が朱抹されました。

トミについて

出生

安政４年７月６日。

婚姻

大阪府西成郡玉造村十番地の戸主・佐藤次郎の三女だったトミは、明治９年５月15日に太一の妻として入籍しました。入籍する前に属していた戸籍は明治５年式なので、取得できません。

夫の死亡

明治35年５月７日に夫・太一が死亡したので、その旨、記載されました。

一郎について

出生

明治10年９月８日、父・太一、母・トミの長男として生まれました。

判ること

本人の事項欄には記載がないことであっても、戸籍を見渡すことで情報が得られることがあります。太一の事項欄より明治35年５月19日に家督相続したこと、ユキの事項欄より明治31年５月３日にユキと婚姻したことが判ります。

タミについて

出生

明治11年10月11日、父・太一、母・トミの長女として生まれました。

婚姻

東京市麹町区祝田町八番地の戸主・高橋卯吉のところへ、明治29年10月21日に嫁入りしました。これにより、太一を戸主とする戸籍を離れたため、名前の欄が朱抹されました。高橋卯吉の戸籍には、東京市麹町区有楽町二丁目六番地の日本太一の長女・タミが入籍した旨、記載されているはずです。

キクについて

出生

明治14年8月12日、父・太一、母・トミの二女として生まれました。

養子縁組

千葉県千葉郡幕張町二十番地の戸主・小林五郎の戸籍へ、明治30年1月10日に養女として入籍しました。これにより、太一を戸主とする戸籍を離れたため、名前の欄が朱抹されました。小林五郎の戸籍には、対応した記載があるはずです。

次郎について

出生　明治15年３月12日、父・太一、母・トミの二男として生まれました。

養子縁組　愛知県知多郡横須賀町三十二番地の戸主・中田幸兵衛の戸籍へ、明治23年10月1日に養子として入籍しました。中田幸兵衛の戸籍には、対応した記載があるはずです。

ユキについて

出生　明治13年11月30日、父・渡辺茂の二女として生まれました。母は、この戸籍からでは判りません。

婚姻　東京都南葛飾郡亀井門村十五番地の戸主・渡辺茂の二女だったユキは、明治31年５月３日にこの戸籍に入籍しました。戸主との続柄欄に「長男　一郎妻」とあることから、一郎との婚姻により入籍したことが判ります。渡辺茂の戸籍には、対応した記載があるはずです。

戸籍関係図

編製と除籍の時期・理由、他戸籍との関係を図示すると、次のようになります。

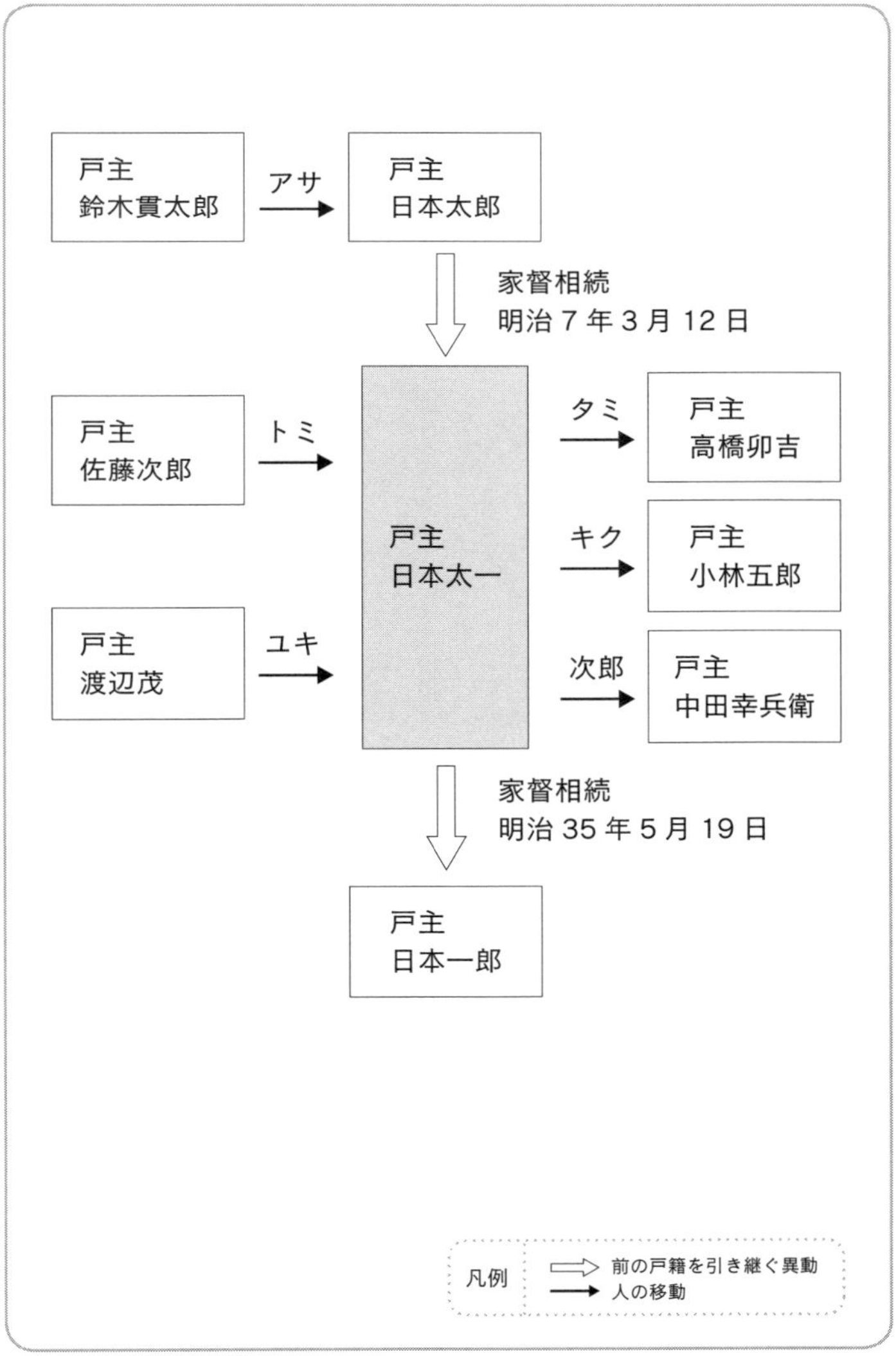

本籍欄・事項欄があふれた場合

明治19年式戸籍の書式は、戸主事項欄が４行しかありません。そこに住民票の機能も持たせていたため、転籍などが１枚に記載しきれないことが多くありました。その場合は、戸主事項欄と本籍地欄を短冊のように追加しました。戸籍謄本では、このようにコピーされます。

本籍欄・事項欄があふれた例

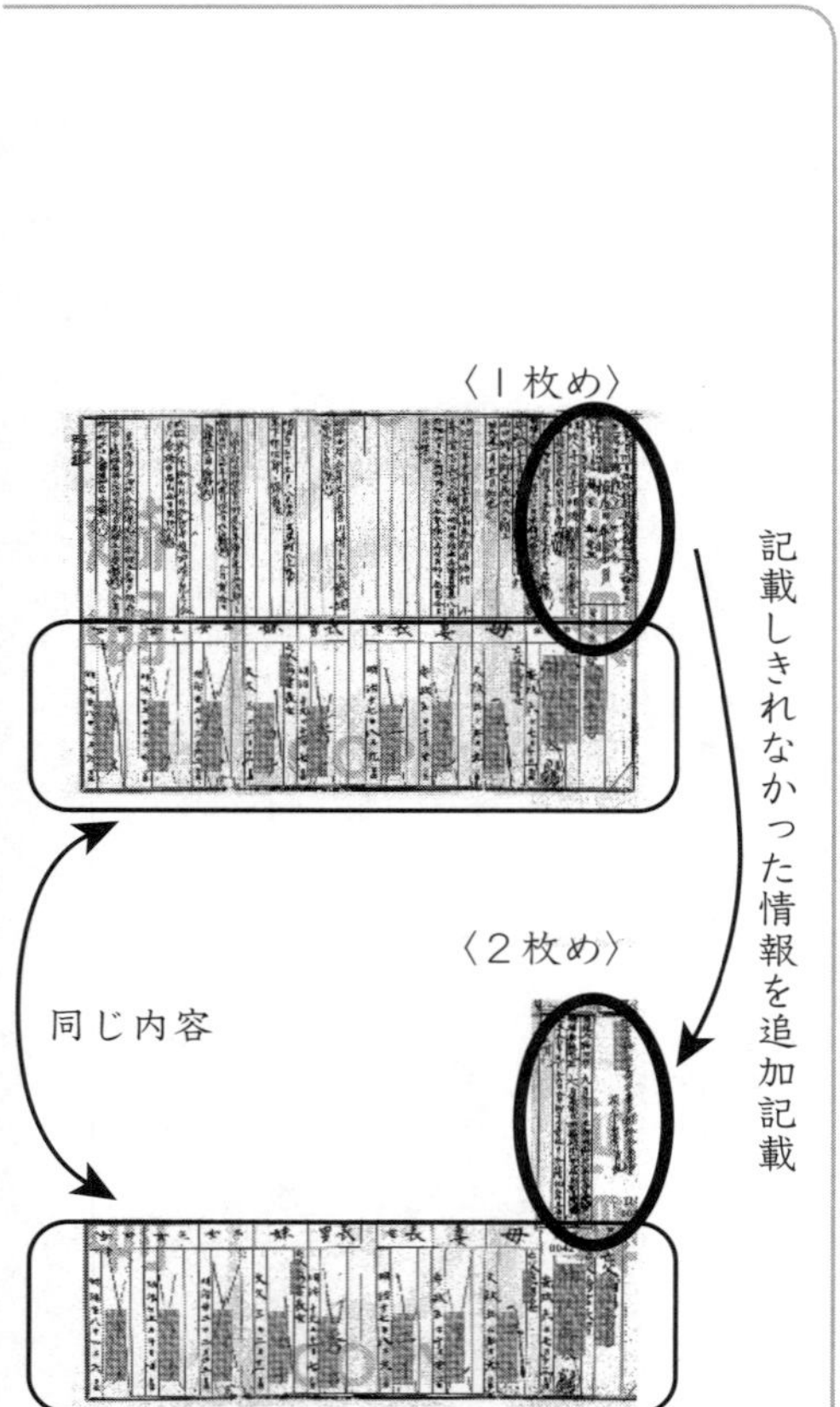

２枚めは、１枚めの戸主事項欄と本籍地欄に記載しきれなかった情報を追加記載したものです。なお、この例では、１枚めから３枚めは明治19年式、４枚めは大正４年式のものです。

〈３枚め〉

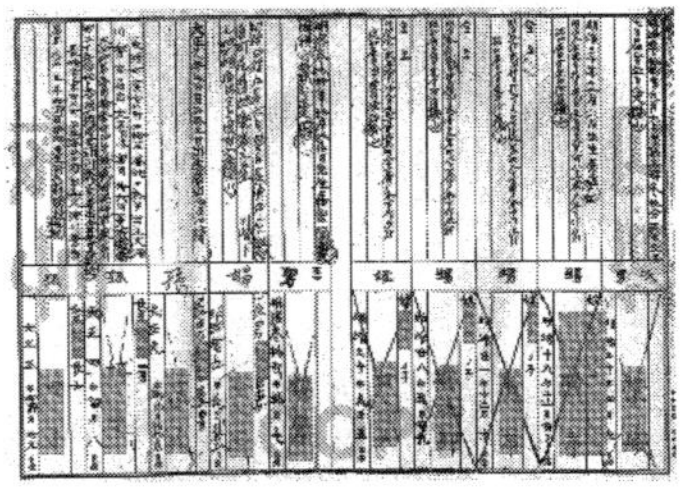

〈４枚め〉

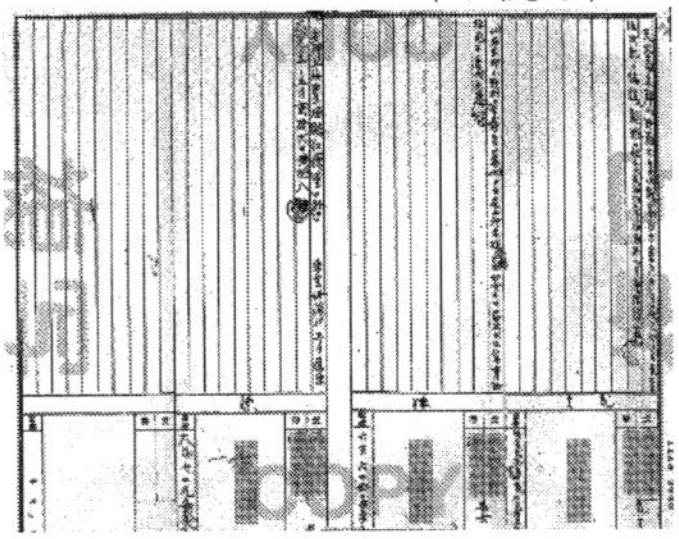

3. 明治31年式戸籍

（適用期間：明治31年7月16日～大正３年12月31日）

明治31年に民法親族相続編（旧民法）が改正され、7月16日に施行されました。その付属法として、新しい戸籍法も同日施行されました。「家制度」が制定され、人の身分関係にも詳細な規定が設けられたので、それらの事項を登録できるよう、書式が変更されたのです。現在残っている明治31年式戸籍は、除籍または改製原戸籍です。

それまでは「現実に生活をともにする戸主と家族」が戸籍編製の単位でしたが、民法上の「家」を、そのまま戸籍として登録することになりました。したがって、この時から、住民基本台帳に相当する役割はなくなり、「家」における身分関係を管理するのが戸籍の役割となりました。本籍地には、地番の使用が徹底されました。

一方、この戸籍法では、個人単位で身分を管理する「身分登記簿」を第一義のしくみとし、戸籍を第二義のしくみとしました。身分関係の届出や報告はまず身分登記簿に登記して、そのうち重要な事項のみを戸籍簿に転記するものとしたのです。個人単位でも家単位でも情報が判りやすいようにしようという意欲的な目論見だったのかも

しれませんが、二重の記載となって運用が大変だったのでしょう。大正3年の戸籍法改正で身分登記簿は廃止となってしまいました。

明治31年式戸籍

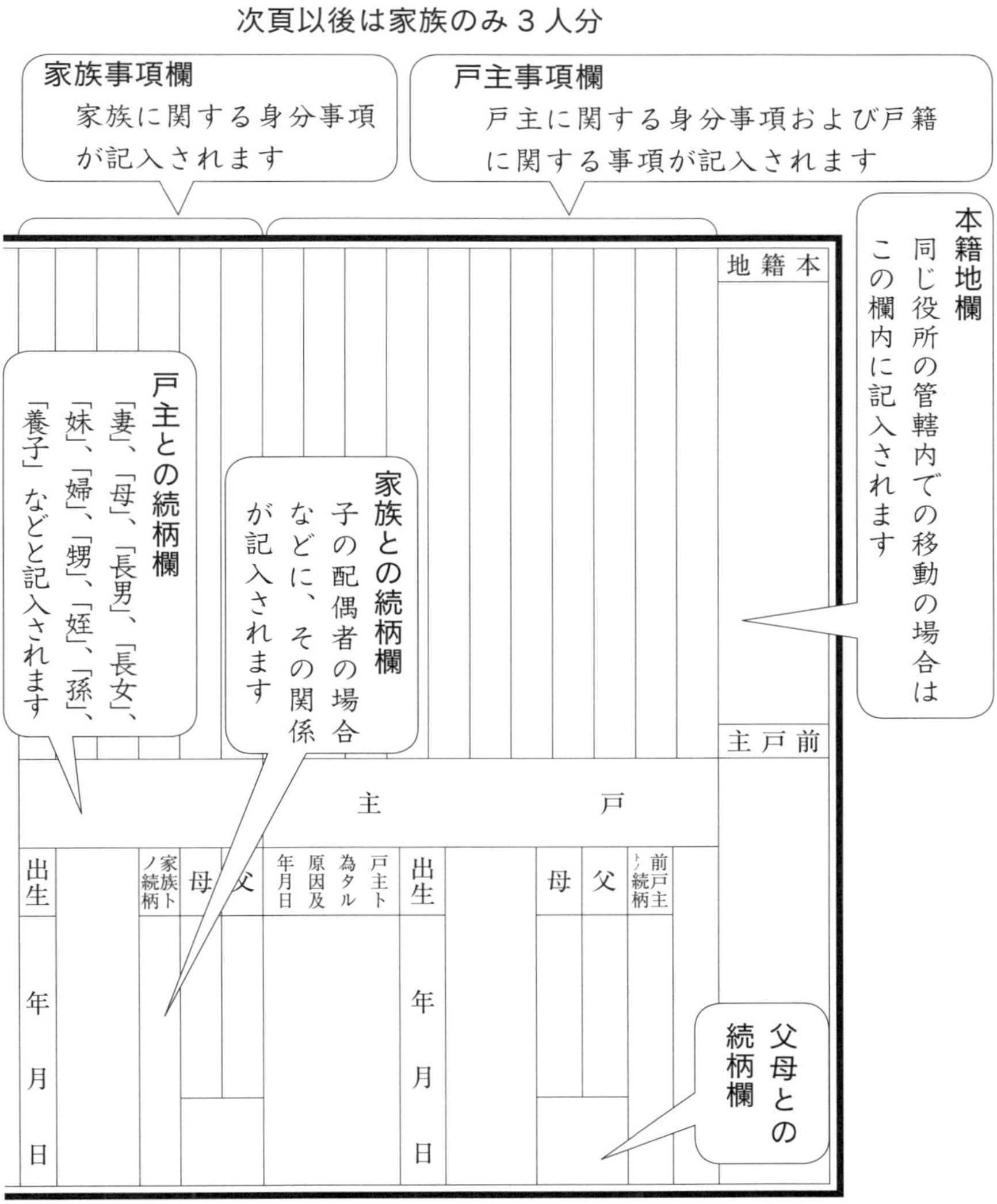

明治31年式戸籍の例

除籍

本籍地　東京市麹町区有楽町参丁目七番地

前戸主　亡父　日本正一

明治参拾四年拾弐月拾五日神奈川県橘樹郡土呂拾番戸高橋幸夫弐男養子縁組届出同日受附入籍㊞

明治参拾五年壱月拾五日鈴木ソノト婚姻届出同日受附㊞

東京市芝区金杉壱丁目参番地ニ転籍届出昭和参年四月五日同区長受附同月弐拾五日送付本戸籍消除㊞

明治参拾五年壱月拾五日千葉県千葉郡津田沼村拾壱番地鈴木太輔長女婚姻届出同日受附入籍㊞

戸主

前戸主ト続柄　亡父日本正一　養子

父　亡　高橋　幸夫

母　亡　フミ

弐男

日本武夫

出生　明治拾参年弐月参日

戸主ト為タル原因及年月日　前戸主正一死亡ニ因リ明治参拾九年拾弐月拾参日家督相続戸主トナル同日届出同日受附

妻

父　亡　鈴木　太輔

母　亡　ウメ

長女

家族ト続柄

ソノ

出生　明治拾五年八月壱日

明治参拾七年八月八日出生届出同日受附㊞
田中サクラト婚姻届出大正拾五年九月壱日受附㊞

明治四拾弐年五月弐拾五日出生届出同日受附㊞

福岡県筑紫郡席田村八番地戸主田中仁参女大正拾
五年九月壱日日本秀和ト婚姻届出同日入籍㊞

	長男	長女	婦
父	日本 武夫	日本 武夫	田中 仁
母	ソノ	ソノ	スミ
続柄	長男	長女	参女
家族トノ続柄			長男 秀和 妻
名	秀和	ハナ	サクラ
出生	明治参拾七年八月八日	明治四拾弐年五月弐拾五日	明治参拾九年弐月拾七日

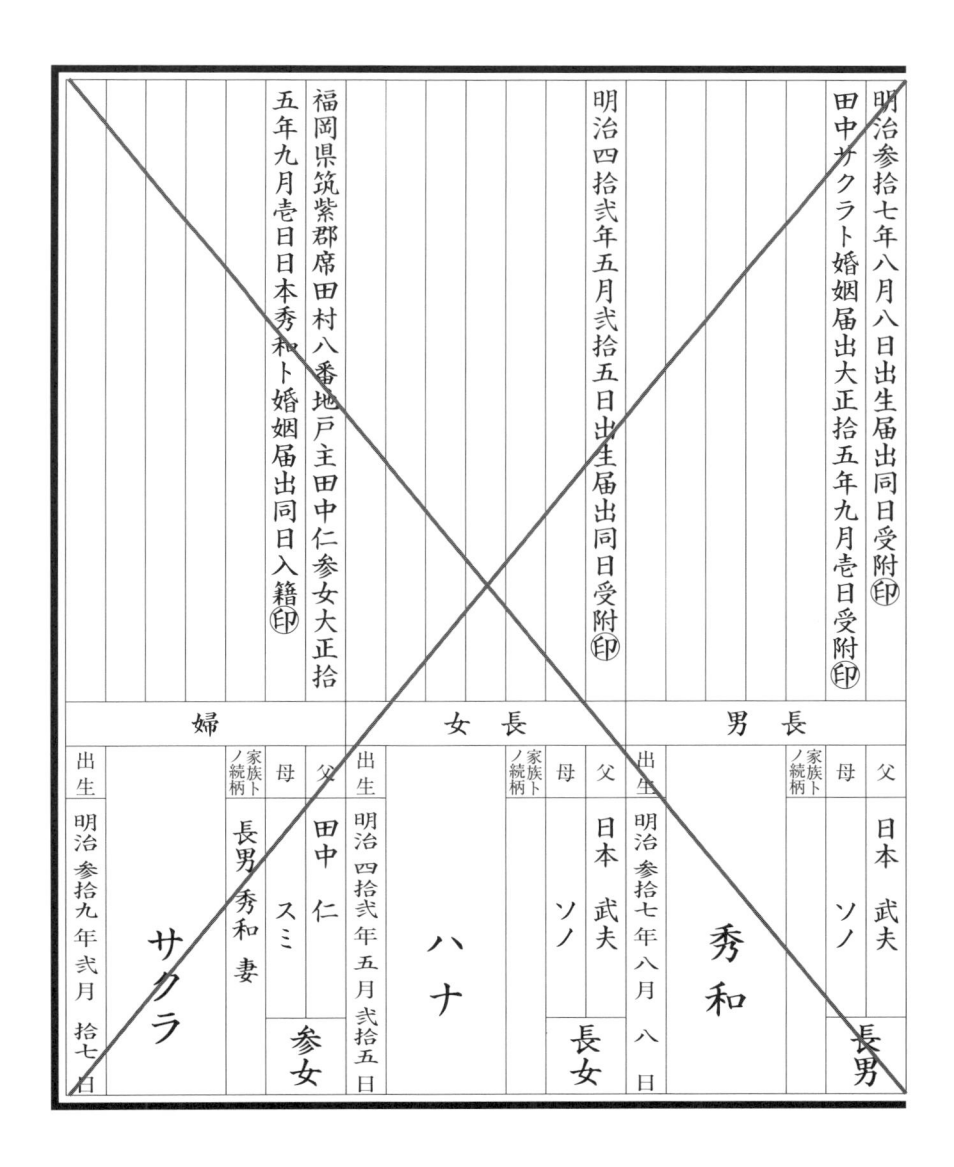

第５章　戸籍書式の時代による違い

戸籍中に記載されている人物について、戸籍から読み取ることのできる情報をまとめてみましょう。

武夫について

戸籍編製　明治39年12月13日、前戸主・日本正一の死亡により武夫が家督を相続したため、新規に編製されました。このことは、「戸主ト為タル原因及年月日」の欄から判ります。

出　生　明治13年２月３日、父・高橋幸夫、母・フミの二男として生まれました。

養子縁組　明治34年12月15日に、当時の本籍地・神奈川県橘樹郡土呂十番戸から養父・日本正一の家へ、養子縁組して入籍しました。高橋幸夫の戸籍には、武夫が日本正一の家に養子縁組し、除籍されたとの記載があるはずです。

婚　姻　明治35年１月15日に、鈴木ソノと婚姻しました。明治５年式の記載方法とは異なり、夫の側にも婚姻の情報が記載されています。

転　籍　昭和３年４月５日に東京市芝区金杉一丁目三番地に転籍しました。

全戸除籍　異なる役所が管轄する場所へ転籍したため、この戸籍は全戸除籍となり、戸籍全体が朱抹されました。

ソノについて

出生

明治15年8月1日、父・鈴木太輔と母・ウメの長女として生まれました。明治19年式と異なり、本人欄に母の名前も記載されていますので、両親の名前もこの戸籍から知ることができます。

婚姻

明治35年1月15日に、当時の本籍地・千葉県千葉郡津田沼村十一番地から、武夫との婚姻で入籍しました。鈴木太輔の戸籍には、対応した記載があるはずです。

秀和について

出生

明治37年8月8日、武夫とソノの長男として生まれました。明治19年式とは異なり、事項欄にも出生の記載があります。

婚姻

大正15年9月1日に、田中サクラと婚姻しました。

第5章　戸籍書式の時代による違い

ハナについて

出生

明治42年5月25日、武夫とソノの長女として生まれました。

サクラについて

出生

明治39年2月17日、父・田中仁と母・スミの三女として生まれました。

婚姻

大正15年9月1日に秀和と婚姻し、当時の本籍地・福岡県筑紫郡席田村八番地から入籍しました。長男の妻ですから、戸主に対する続柄の欄には「婦」と記載され、家族に対する続柄の欄に「長男 秀和 妻」と記載されています。田中仁の戸籍には、対応した記載があるはずです。

戸籍関係図

編製と除籍の時期・理由、他戸籍との関係を図示すると、次のようになります。

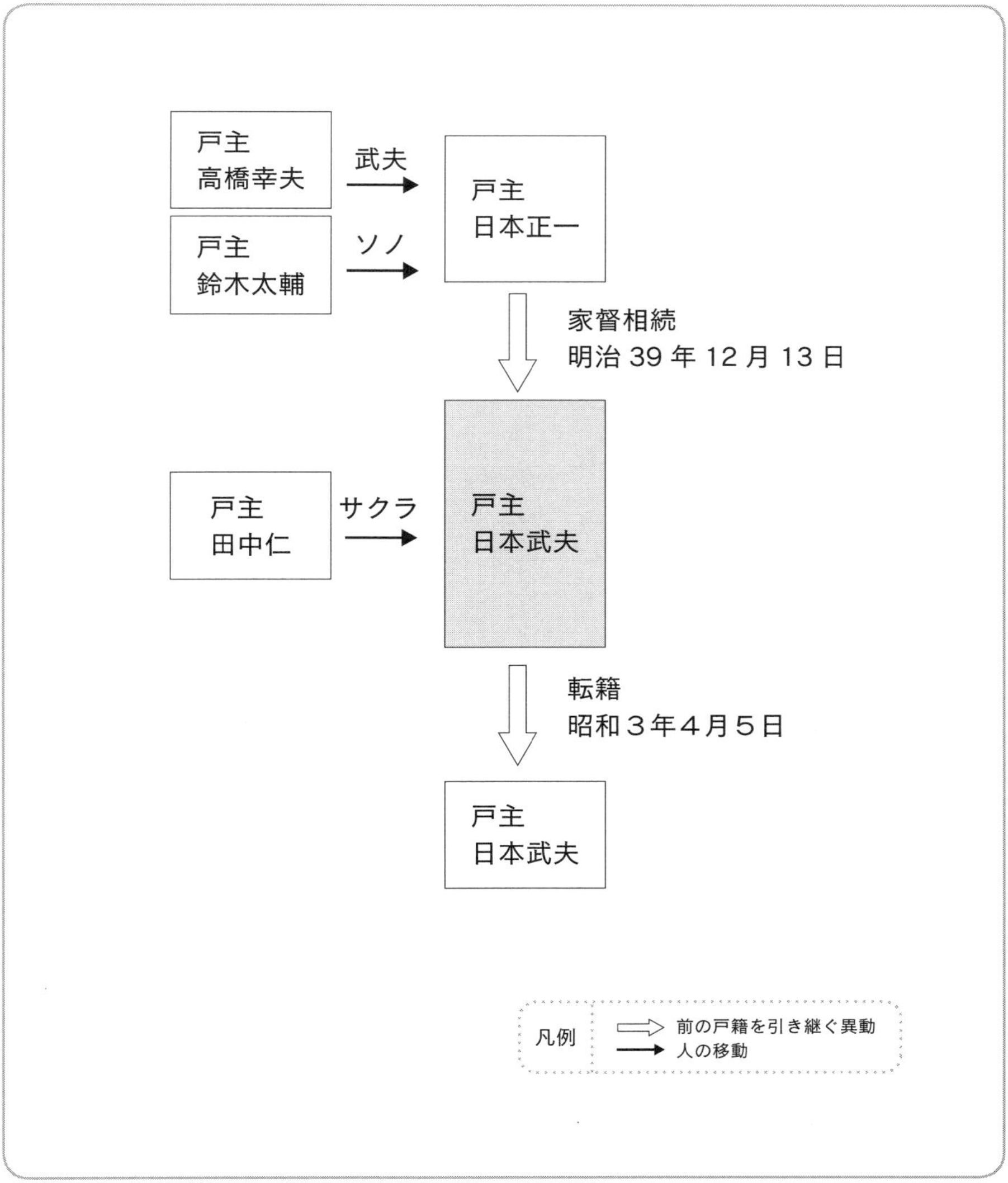
戸主
高橋幸夫
武夫
戸主
鈴木太輔
ソノ
戸主
日本正一
家督相続
明治 39 年 12 月 13 日
戸主
田中仁
サクラ
戸主
日本武夫
転籍
昭和３年４月５日
戸主
日本武夫
凡例
前の戸籍を引き継ぐ異動
人の移動

4. 大正4年式戸籍

（適用期間：大正4年1月1日～昭和22年12月31日）

大正4年式戸籍は、大正3年3月30日の法律二六号「戸籍法改正法律」、同年10月3日の司法省令七号「戸籍法施行細則」に基づき、大正4年1月1日から施行されました。現在残っているものは、除籍または改製原戸籍です。

従来から戸籍には副本を保管する制度がありましたが、これを継続するとともに、除籍簿についても副本を保管するようになりました。明治31年にできた「身分登記簿」の制度は、事項を戸籍簿に書き写すという手間がかかるためにあまり利用されなかったため、大正3年の戸籍法で廃止され、身分管理のしくみは「戸籍簿」に一本化されました。

この書式の特徴は、戸主に関する情報が最初のページの全面を使って記載されているという点です。また、明治31年式で新設された「戸主ト為タル原因及年月日」の欄が廃止され、その内容は再び戸主事項欄に記入されるようになりました。「家族トノ続柄」欄も書式としては廃止され、必要に応じて「父」「母」欄の左に欄を設けて記入するようになりました。

大正4年式戸籍

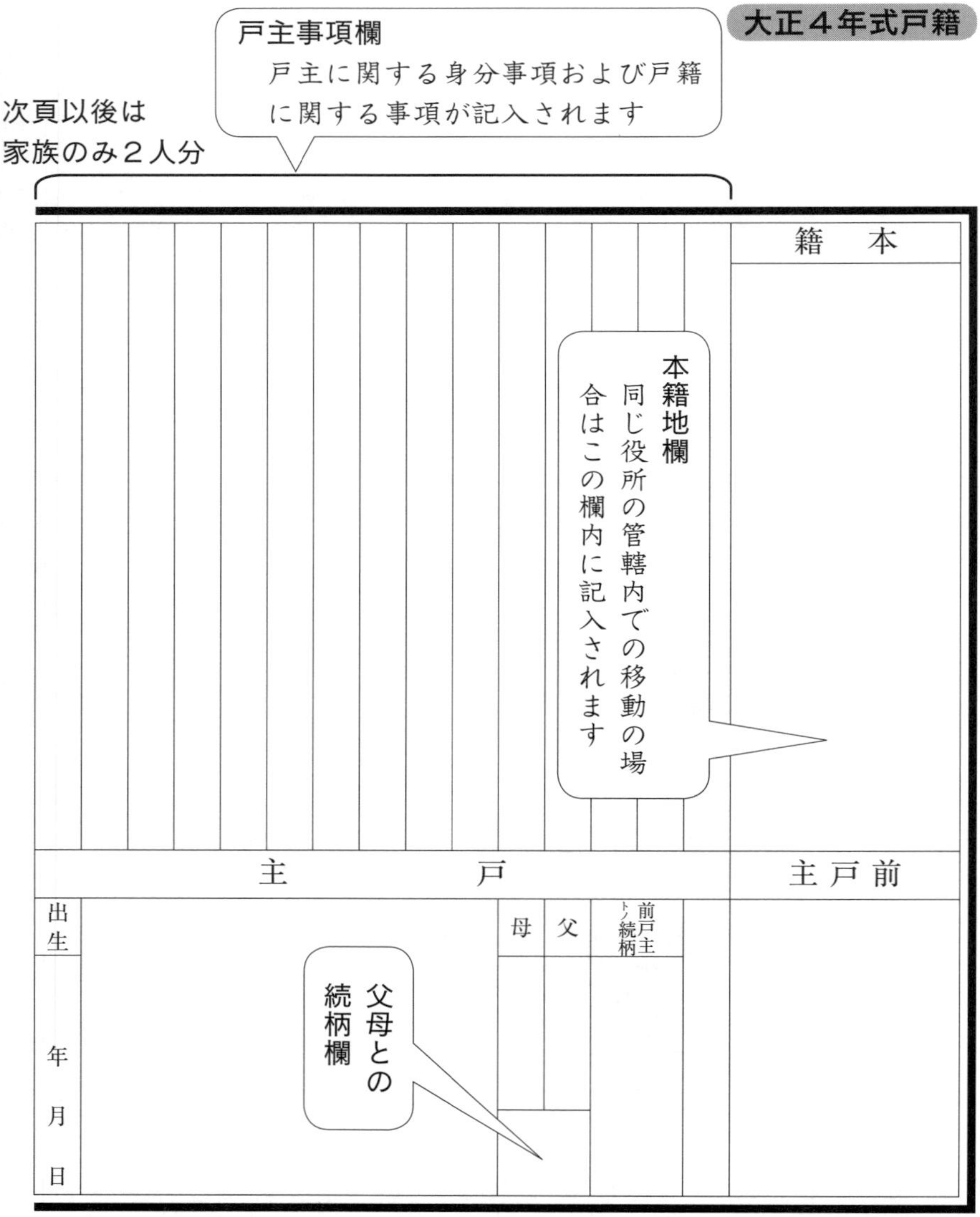
戸主事項欄
戸主に関する身分事項および戸籍に関する事項が記入されます
次頁以後は家族のみ2人分
本籍
本籍地欄
同じ役所の管轄内での移動の場合はこの欄内に記入されます
戸主
前戸主
出生年月日
父
母
前戸主ト続柄
父母との続柄欄

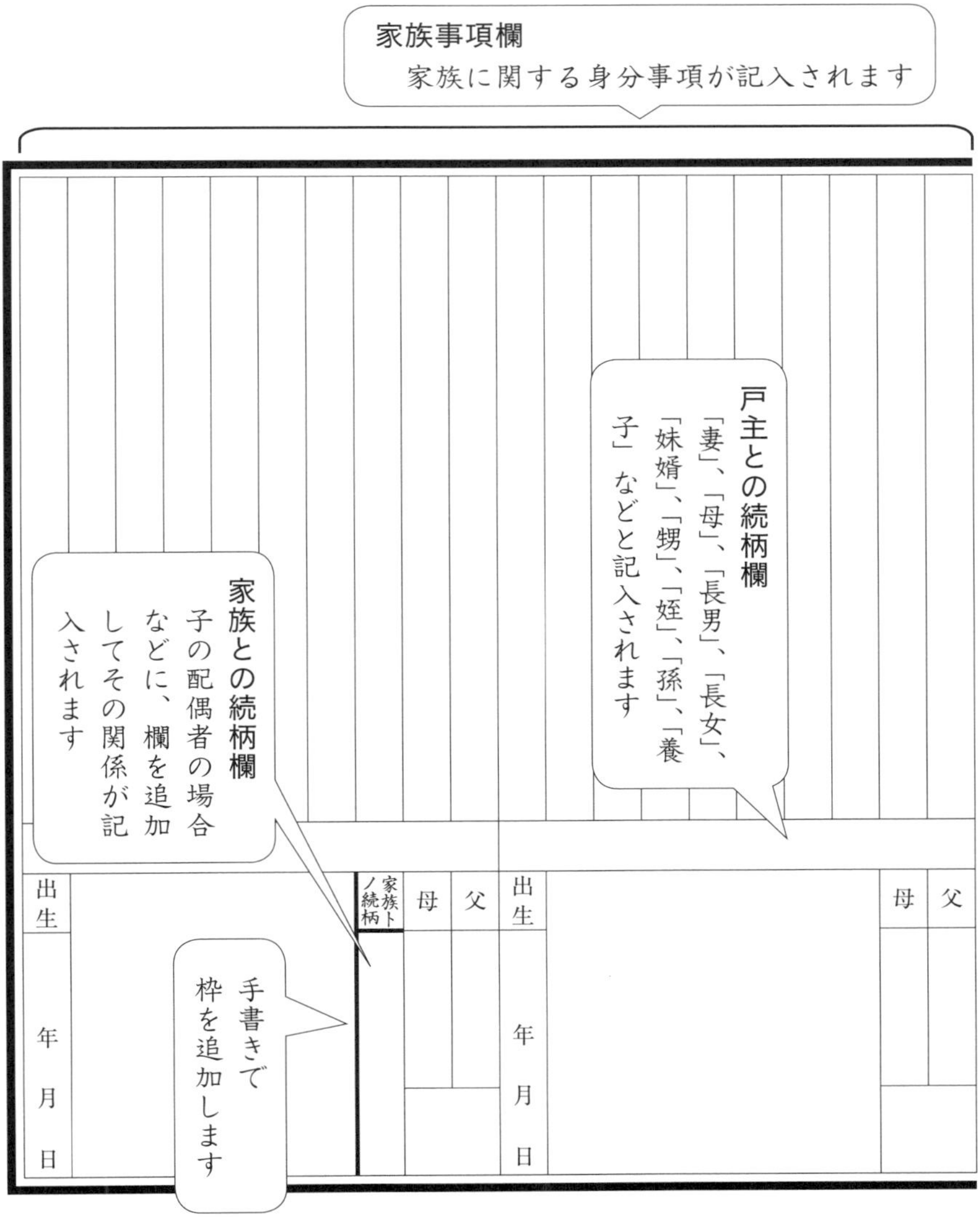
家族事項欄
家族に関する身分事項が記入されます
戸主との続柄欄
「妻」、「母」、「長男」、「長女」、「妹婿」、「甥」、「姪」、「孫」、「養子」などと記入されます
家族との続柄欄
子の配偶者の場合などに、欄を追加してその関係が記入されます
手書きで枠を追加します
出生
年
月
日
家族トノ続柄
母
父
出生
年
月
日
母
父

大正4年式戸籍の例

除籍

本籍
東京都豊多摩郡内藤新宿町壱丁目参番地
弐丁目八番地

東京都豊多摩郡内藤新宿町壱丁目弐拾番地ニ於テ出
生父日本法一届出明治参拾年六月拾弐日受附入籍㊞
小林千代ト婚姻届出大正拾参年拾月八日受附㊞
大正拾四年五月拾五日前戸主日本法一死亡ニ因リ家
督相続届出同年同月弐拾五日受附㊞
東京都豊多摩郡内藤新宿町弐丁目八番地ニ転籍届出
昭和弐年弐月弐日受附㊞
東京都麹町区有楽町五丁目五番地ニ転籍届出昭和四
年五月六日麹町区長某受附同月拾弐日送付全戸除籍㊞

前戸主
亡日本法一

前戸主トノ続柄
亡日本法一長男

父　亡日本法一
母　亡ユミ
長男

戸主
日本令次

出生
明治参拾年六月拾壱日

北海道札幌市豊平町五丁目弐番地戸主小林実長女大
正拾参年拾月八日日本令次ト婚姻届出同日入籍㊞

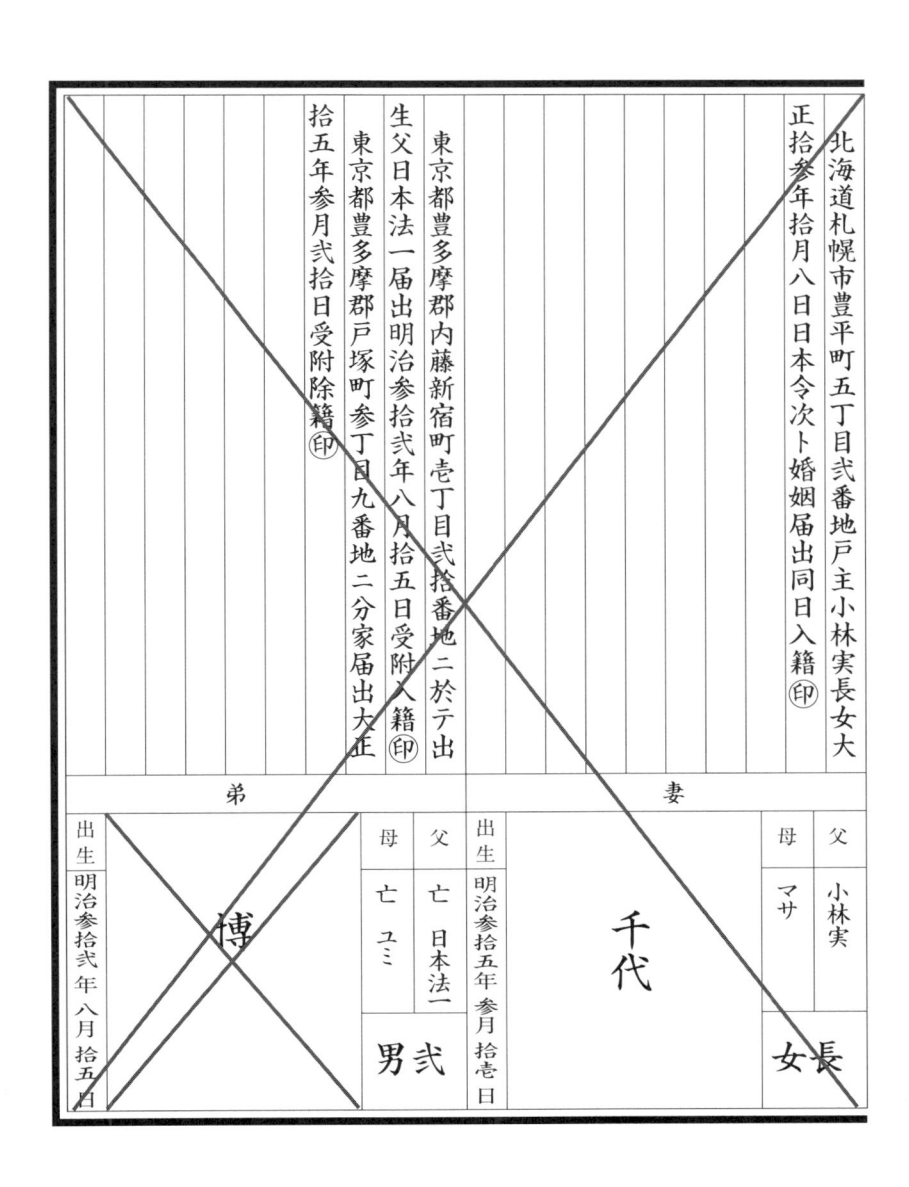

東京都豊多摩郡内藤新宿町壱丁目弐拾番地ニ於テ出
生父日本法一届出明治参拾弐年八月拾五日受附入籍㊞
東京都豊多摩郡戸塚町参丁目九番地ニ分家届出大正
拾五年参月弐拾日受附除籍㊞

妻	
父	小林実
母	マサ
続柄	長女
名	千代
出生	明治参拾五年参月拾壱日

弟	
父	亡 日本法一
母	亡 ユミ
続柄	弐男
名	博
出生	明治参拾弐年八月拾五日

戸籍中に記載されている人物について、戸籍から読み取ることのできる情報をまとめてみましょう。

なお、大正4年式戸籍には「戸主ト為タル原因及年月日」の欄がなく、戸籍事項と身分事項が混在しているので、いつこの戸籍が編製されたのか、一目では判りません。順番に読み解いていく必要があります。

令次について

出生

明治30年6月11日、父・日本法一と母・ユミの長男として生まれました。出生地は東京都豊多摩郡内藤新宿町一丁目二十番地です。

婚姻

大正13年10月8日に、小林千代と婚姻しました。この記載は、千代の身分事項欄と対応したものになっています。

家督相続

「大正拾四年五月拾五日前戸主日本法一死亡ニ因リ家督相続届出同年同月弐拾五日受附」とあるので、令次が戸主になっている戸籍が大正14年5月25日に編製されたと判ります。以後、転籍の記載が2件出てきますが、2件めの転籍は全戸除籍の原因であり、1件めの転籍は同じ役所の管轄内の転籍です。これらの記載も読んだ結果、令次の家督相続によって、この戸籍が編製

されたことが判ります。

転籍①

昭和2年2月2日に、東京都豊多摩郡内藤新宿町二丁目八番地に転籍しました。本籍地欄内で「弐丁目八番地」に訂正されていることから、同一の役所管轄地内の転籍であることが判ります。

転籍②

昭和4年5月6日に、東京都麹町区有楽町五丁目五番地に転籍しました。

全戸除籍

二度めの転籍は異なる役所が管轄する場所へのものだったため、転籍先の麹町区長某からの連絡（送付）があって、この戸籍は全戸除籍となりました。このため、戸籍全体が朱抹されました。

千代について

出生

明治35年3月11日、父・小林実と母・マサの長女として生まれました。

婚姻

大正13年10月8日に令次と婚姻し、北海道札幌市豊平町五丁目二番地の戸主・小林実の戸籍から入籍しました。小林実の戸籍には、対応した記載があるはずです。

第５章　戸籍書式の時代による違い

博について

出生

明治32年８月15日、父・日本法一と母・ユミの二男として生まれました。
出生地は、東京都豊多摩郡内藤新宿町一丁目二十番地です。

分家

大正15年３月20日に分家して、東京都豊多摩郡戸塚町三丁目九番地を本籍とする戸主になったので、この戸籍から除籍され、名前の欄が朱抹されました。

戸籍関係図

編製と除籍の時期・理由、他戸籍との関係を図示すると、次のようになります。

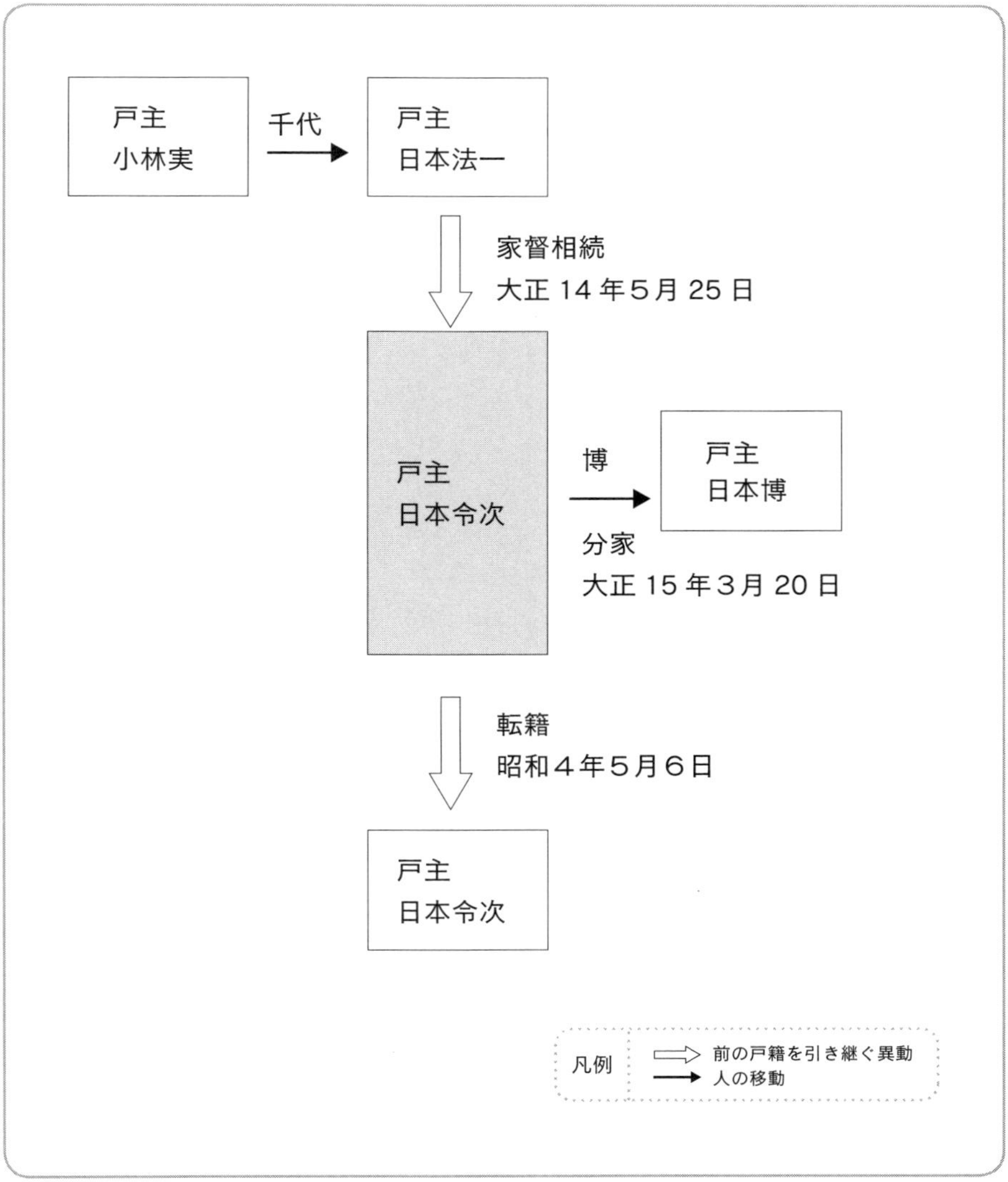
戸主
小林実
千代
戸主
日本法一
家督相続
大正 14 年５月 25 日
戸主
日本令次
博
戸主
日本博
分家
大正 15 年３月 20 日
転籍
昭和４年５月６日
戸主
日本令次
凡例
前の戸籍を引き継ぐ異動
人の移動

5. 昭和23年式戸籍

（適用期間：昭和23年1月1日～）

昭和22年の日本国憲法施行に伴い、昭和22年12月22日法律二二四号「戸籍法を改正する法律」、同年同月29日司法省令九四号「戸籍法施行規則」に基づいて、昭和23年1月1日から施行されました。

この書式は以後、現在まで使われていますが、戸籍のコンピュータ化に伴い、新規には使っていない市区町村も多くなっています。

昭和22年の民法改正で「家制度」が廃止され、男女平等、個人の尊厳が基調となったため、戸籍の書式も大きく変わりました。登録の単位が「家」から「夫婦」に変わり、戸籍の識別に使われていた従来の戸主が廃止され、戸籍筆頭者に変わりました。編成についても、従来は数世代がひとつの戸籍に入っていたのが、２世代までとなり、一組の夫婦と、この夫婦と同じ氏を名乗る子どもごとに編成されることになりました。

また、「家」制度がなくなったため、「前戸主」欄、「前戸主トノ続柄」欄、「戸主ト

ノ続柄」欄は廃止されました。一方、事項欄は戸籍事項欄と身分事項欄が分離され、内容が把握しやすくなりました。

現在残っているものは、現戸籍、除籍または改製原戸籍です。

昭和23年式戸籍

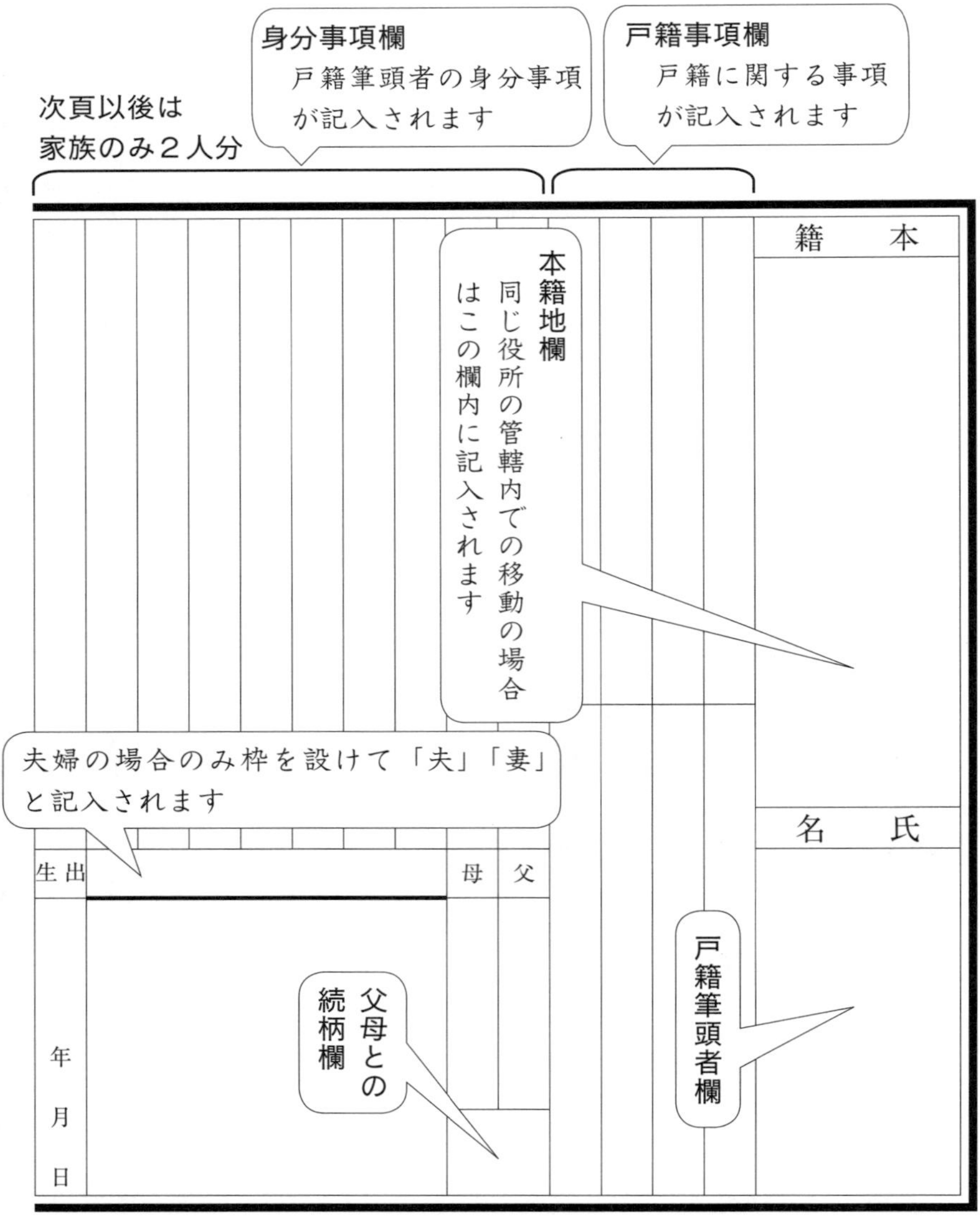
身分事項欄
戸籍筆頭者の身分事項が記入されます
戸籍事項欄
戸籍に関する事項が記入されます
次頁以後は家族のみ2人分
本籍地欄
同じ役所の管轄内での移動の場合はこの欄内に記入されます
籍　本
名　氏
夫婦の場合のみ枠を設けて「夫」「妻」と記入されます
生出
母
父
年
月
日
父母との続柄欄
戸籍筆頭者欄

家族事項欄

家族に関する身分事項が記入されます

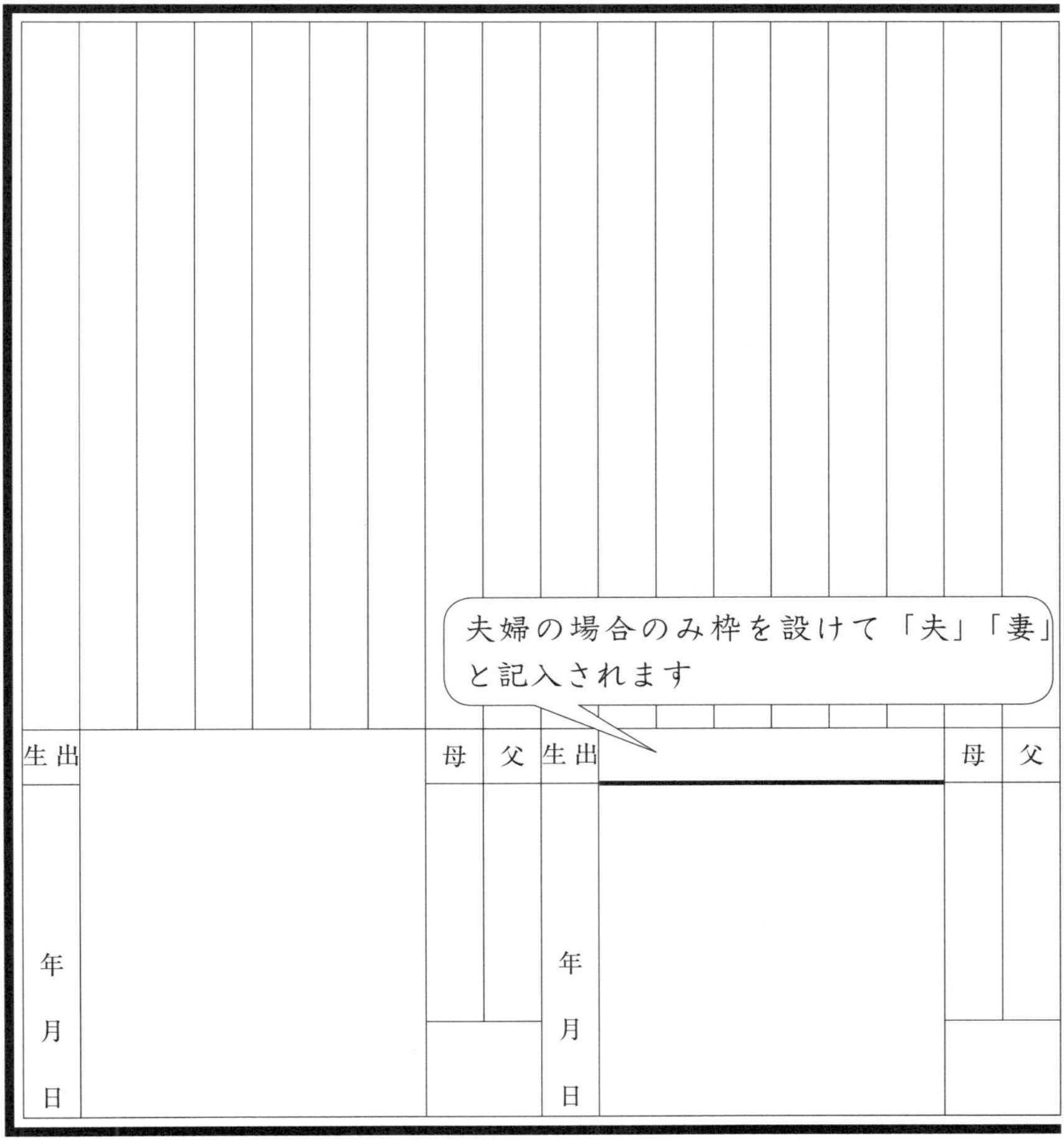

夫婦の場合のみ枠を設けて「夫」「妻」と記入されます

昭和23年式戸籍の例

改製原戸籍

平成六年法務省令第五一号附則第二条第一項による改製につき平成七年八月九日消除㊞

本籍　東京都港区南麻布五丁目七番地

氏名　日本稔

婚姻の届出により昭和参拾九年参月参日夫婦につき本戸籍編製㊞

昭和拾五年拾弐月拾七日本籍で出生父日本三郎届出同月拾九日受附入籍㊞

昭和参拾九年参月参日伊藤和子と婚姻届出東京都港区六本木五丁目拾四番地日本三郎戸籍から入籍㊞

平成五年拾壱月八日午後六時弐拾四分東京都渋谷区で死亡同月拾日親族日本和子届出同月拾弐日同区長から送付除籍㊞

父　日本三郎

母　文子

参男

夫　稔

出生　昭和拾五年拾弐月拾七日

昭和拾八年六月四日東京都千代田区で出生父伊藤正届出同月八日受附入籍㊞

昭和参拾九年参月参日日本稔と婚姻届出東京都渋谷区広尾参丁目七番地伊藤正戸籍から入籍㊞

父　伊藤正
母　幸子
長女

妻
和子

出生　昭和拾八年六月四日

昭和四拾壱年参月弐拾壱日東京都港区で出生同月弐拾五日父届出入籍㊞

昭和六拾参年弐月参日中村直美と婚姻届出東京都渋谷区広尾四丁目参番地に妻の氏の新戸籍編製につき除籍㊞

父　日本稔
母　和子
長男

哲也

出生　昭和四拾壱年参月弐拾壱日

昭和四拾五年七月七日東京都渋谷区で出生同月
拾日父届出入籍㊞

平成四年七月五日加藤健一と婚姻届出同月七日
東京都港区長から送付同区三田弐丁目拾五番地に
夫の氏の新戸籍編製につき除籍㊞

父　日本稔
母　和子
長女

由美子

出生　昭和四拾五年七月七日

昭和四拾壱年参月弐拾壱日本籍で出生同月弐拾
五日父届出入籍㊞

平成弐年拾月壱日妻中村直美と協議離婚届出同
年拾月参日東京都渋谷区長から送付同区広尾四丁
目参番地中村直美戸籍から入籍㊞

父　日本稔
母　和子
長男

哲也

出生　昭和四拾壱年参月弐拾壱日

この戸籍中に記載されている人物について、戸籍から読み取ることのできる情報をまとめてみましょう。

昭和23年式戸籍では戸籍事項欄と身分事項欄が分離しているので、戸籍の編製時期が容易に判別できます。この戸籍は、日本稔と伊藤和子の婚姻により昭和39年３月３日に編製されたものです。

さらに、欄外の記載より、平成６年のコンピュータ化による改製によって消除されてできた、改製原戸籍であることが判ります。

稔について

出生　昭和15年12月17日、父・日本三郎と母・文子の三男として生まれました。

出生地は本籍です。

婚姻　昭和39年３月３日、伊藤和子と婚姻しました。

戸籍編製　昭和22年の改正戸籍法により、婚姻の当事者双方が戸籍上で子である場合は、新規に戸籍を編成することとなりました。稔を戸籍筆頭者とする新戸籍を東京都港区南麻布五丁目七番地に作り、父・日本三郎の戸籍から入籍しました。

死亡

平成5年11月8日、東京都渋谷区で死亡。これを妻の和子が渋谷区に届出し、渋谷区長から港区に連絡（送付）があって、除籍されました。そのため、名前の欄が朱抹されました。

和子について

出生

昭和18年6月4日、父・伊藤正と母・幸子の長女として生まれました。出生地は東京都千代田区です。

婚姻

昭和39年3月3日、日本稔と婚姻し、日本稔を戸籍筆頭者として新たに編製した戸籍に、父・伊藤正の戸籍から入籍しました。

夫の死亡

平成5年11月8日に夫・稔が死亡したため、名前の上の「妻」が縦棒で朱抹されました。

哲也について

出生

昭和41年3月21日、父・日本稔と母・和子の長男として生まれました。出

生地は東京都港区です。

婚姻　昭和63年2月3日に中村直美と婚姻し、直美を戸籍筆頭者とする新戸籍を東京都渋谷区広尾四丁目三番地につくり、入籍しました。このため、この戸籍は除籍となり、名前が朱抹されました。

離婚　その後、平成2年10月1日に妻・中村直美と協議離婚して、親の戸籍に戻ってきたので、家族欄を新たに使って入籍の記載がされました。この戸籍上、哲也は一度朱抹されているので、いわゆる「バツイチ」となるわけです。

由美子について

出生　昭和45年7月7日、父・日本稔と母・和子の長女として生まれました。出生地は東京都渋谷区です。

婚姻　平成4年7月5日に加藤健一と婚姻し、健一を戸籍筆頭者とする新戸籍を東京都港区三田二丁目十五番地につくり、入籍しました。このため、この戸籍は除籍となり、名前が朱抹されました。

戸籍関係図

この戸籍の編製と除籍の時期・理由、および他戸籍との関係を図示すると、次のようになります。

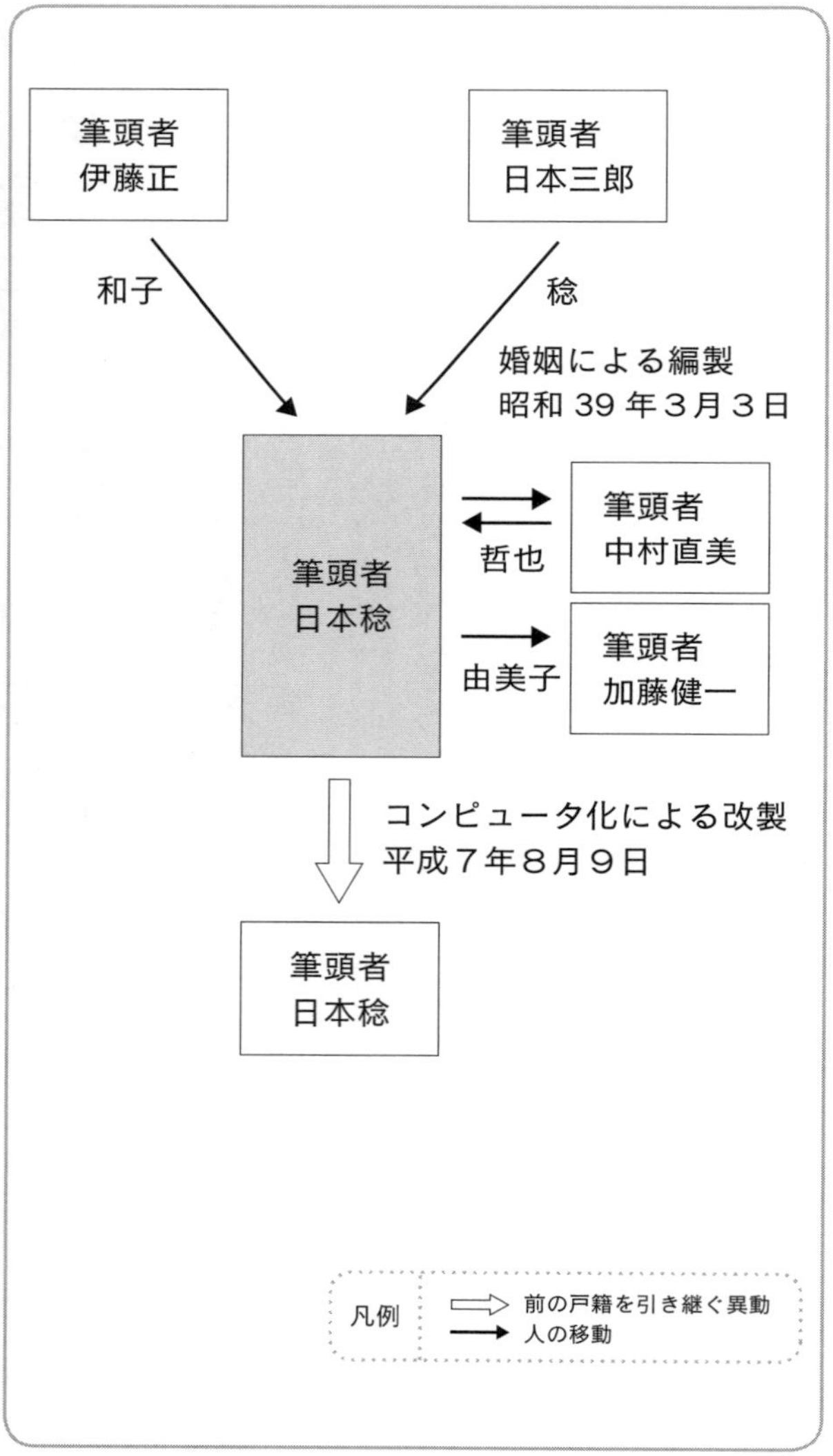

6. 平成6年法律による戸籍事項証明書

戸籍のコンピュータ化

平成6年法律六七号（12月1日施行）により、戸籍を紙でなくコンピュータで管理するしくみに移行することが認められました。これは、市町村長の申出に基づいて行われる特例という位置づけになっています。平成28年時点でほとんどの自治体でコンピュータ化が完了していますが、一部、済んでいないところもあります。完了時期は未定です。

現時点では、この書式は現戸籍と除籍のみで、改製原戸籍はありません。

戸籍事項証明書の書式

平成６年法律によるしくみの変更は、あくまでも情報を記録する媒体の変更です。戸籍情報を記録する媒体が、紙からコンピュータのディスクに替わるということであり、記録する戸籍情報の内容は変わりません。

しかし、紙としての原本がなくなると、その原本をコピーして戸籍謄抄本を作ることができなくなります。

そこで、戸籍謄抄本に替わるものとして、コンピュータ管理の戸籍情報を印刷して発行する際の書式が定められました。これが、「戸籍全部事項証明書」（戸籍謄本に相当）および「戸籍一部事項証明書」（戸籍抄本に相当）です。これらの証明書では、固定された詳細な枠はなくなり、記載される情報量に応じて枠の区切りが変わるようになりました。

平成6年の法改正による全部事項証明書

昭和23年式戸籍の例で示した、日本稔を戸籍筆頭者とする戸籍は、すでにコンピュータ化による改製が行われています。この戸籍について、戸籍全部事項証明書を請求すると、どのような書面が発行されるのでしょうか。

証明書の例は次ページ以降をご確認いただきたいのですが、特徴は、戸籍の証明書の様式が縦書きから横書きに変わった点にあります。項目の記載方法も文章形式から箇条書きに変更され、また、算用数字が採用されて、見やすく、わかりやすくなりました。

全部事項証明書の例

（1／2）　全部事項証明

本　　籍 氏　　名	東京都港区南麻布５丁目７番地 日本　稔
戸籍事項 戸籍改製	【改製日】平成７年８月９日 【改製事由】平成６年法務省令第51号附則第２条第１項による改製
戸籍に記載されている者 除　　籍	【名】稔 【生年月日】昭和15年12月17日 【父】日本三郎 【母】日本文子 【続柄】三男
戸籍に記載されている者	【名】和子 【生年月日】昭和18年６月４日 【父】伊藤正 【母】伊藤幸子 【続柄】長女
身分事項 出　　生	【出生日】昭和18年６月４日 【出生地】東京都千代田区 【届出日】昭和18年６月８日 【届出人】父

（2／2）　全部事項証明

身分事項 婚　　姻	【婚姻日】昭和 39 年 3 月 3 日 【配偶者】日本稔 【従前戸籍】東京都渋谷区広尾 3 丁目 7番地　伊藤正
戸籍に記載されている者	【名】哲也 【生年月日】昭和 41 年 3 月 21 日 【父】日本稔 【母】日本和子 【続柄】長男
身分事項 出　　生	【出生日】昭和 41 年 3 月 21 日 【出生地】東京都港区 【届出日】昭和 41 年 3 月 25 日 【届出人】父
	以下余白

改製事由

この戸籍はコンピュータ化による改製によって作られましたので、改製事由は「平成６年法務省令第51号附則第２条第１号による改製」となります。もともとは日本稔と伊藤和子の婚姻によって編製された戸籍ですが、この旨の記載は転記されていません。これは、昭和23年式以後は従前の戸籍での戸籍事項を転記しないこととしているためです。

転記事項

戸籍の改製の際には、改製の時点で有効だった記載事項のみが転記されます。改製の際にすでに除籍されていた人の情報は転記されません。そのため、改製前に婚姻により除籍されていた由美子の記載はありません。稔も改製前に死亡により除籍されていますが、戸籍筆頭者なので、記録が残っています。ただし、身分事項は転記されず、「除籍」の囲み文字が記載されています。哲也については、婚姻による除籍、離婚による入籍の記載は転記されず、離婚歴が消えてしまいました。

改製時に除籍されており、転記されなかった方の証明が必要な場合には、「平成改製原戸籍」（もとの昭和23年式戸籍）を請求しなければなりません。

7. 転籍記載の書式による違い

すでに明治31年式および大正4年式の戸籍の例で転籍の例をあげましたが、転籍は判りにくいので、詳しく説明しておきましょう。

明治19年式戸籍の書式

転籍はすべて本籍地欄内に記載され、戸主の事項欄には記載されませんでした。書くスペースが足りなくなった場合には、この本籍地欄と同じ大きさの紙を重ねるかたちで追加して記載しました。

明治弐拾壱年四月五日荏原郡大井町壱丁目参番地
ヨリ転籍ス
東京都荏原郡目黒町壱丁目参番地
明治弐拾八年拾月七日荏原郡目黒町五丁目弐番地
へ転籍ス

前戸主

「転籍」でなく、「移ル」などとする記載もありました。

なお、この書式が明治31年式戸籍の施行より後に改製されずに残っていた場合に転籍が発生したときには、明治31年式と同様に、戸主の事項欄と本籍地欄の両方を使って記載されました。

明治31年式・大正4年式戸籍の書式

家督相続、婚姻、転籍などの記載は、転籍後の戸籍に転記されました。

最初に家督相続により編製された戸籍が転籍をしていった場合の、本籍地欄および戸主事項欄の記載を順次示してみましょう（なお、年月日、本籍地の詳細は省略しています）。

明治35年に編製された戸籍

本籍地	東京都荏原郡大森町
前戸主	亡父 日本彦左衛門

明治参拾参年五月七日大和クミト婚姻届出同日受附㊞

東京都北豊島郡日暮里町ニ転籍届出大正五年六月拾日北豊島郡長受附同月拾弐日送付全戸除籍㊞

前戸主トノ続柄	亡父 日本彦左衛門 長男
父	亡日本彦左衛門
母	亡 チカ
続柄	長男
戸主	日本市朗
出生	明治拾年弐月参日
戸主ト為タル原因及年月日	前戸主彦左衛門死亡ニ因リ明治参拾五年七月九日家督相続戸主トナル同日届出同日受附

〈履歴〉

明治35年	東京都荏原郡大森町で日本彦左衛門が死亡、日本市朗が家督相続
大正5年	東京都北豊島郡日暮里町に転籍
昭和12年	東京市足立区千住町に転籍
昭和14年	東京市足立区梅島町に転籍
昭和15年	日本市朗が死亡、日本太一が家督相続

大正5年に編製された戸籍

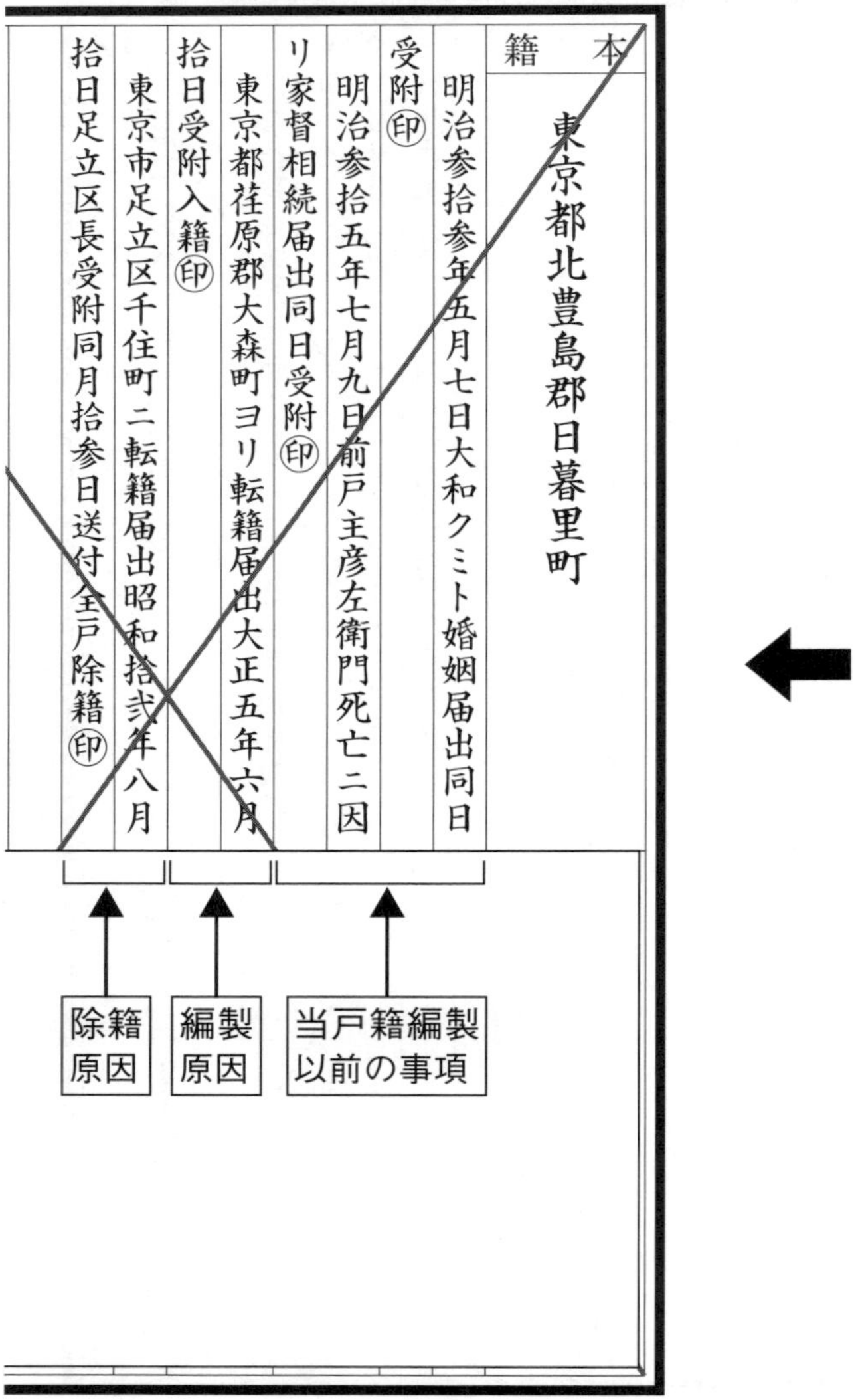
本籍
東京都北豊島郡日暮里町
明治参拾参年五月七日大和クミト婚姻届出同日受附㊞
明治参拾五年七月九日前戸主彦左衛門死亡ニ因リ家督相続届出同日受附㊞
東京都荏原郡大森町ヨリ転籍届出大正五年六月拾日受附入籍㊞
東京市足立区千住町ニ転籍届出昭和拾弐年八月拾日足立区長受附同月拾参日送付全戸除籍㊞
当戸籍編製以前の事項
編製原因
除籍原因

婚姻および「戸主ト為タル原因及年月日」の欄の家督相続の記載が転記されています。

さらに、この戸籍の編製された原因（東京都荏原郡大森町からの転籍）、全戸除籍の原因（東京市足立区千住町への転籍）が記載されています。

昭和12年に編製された戸籍

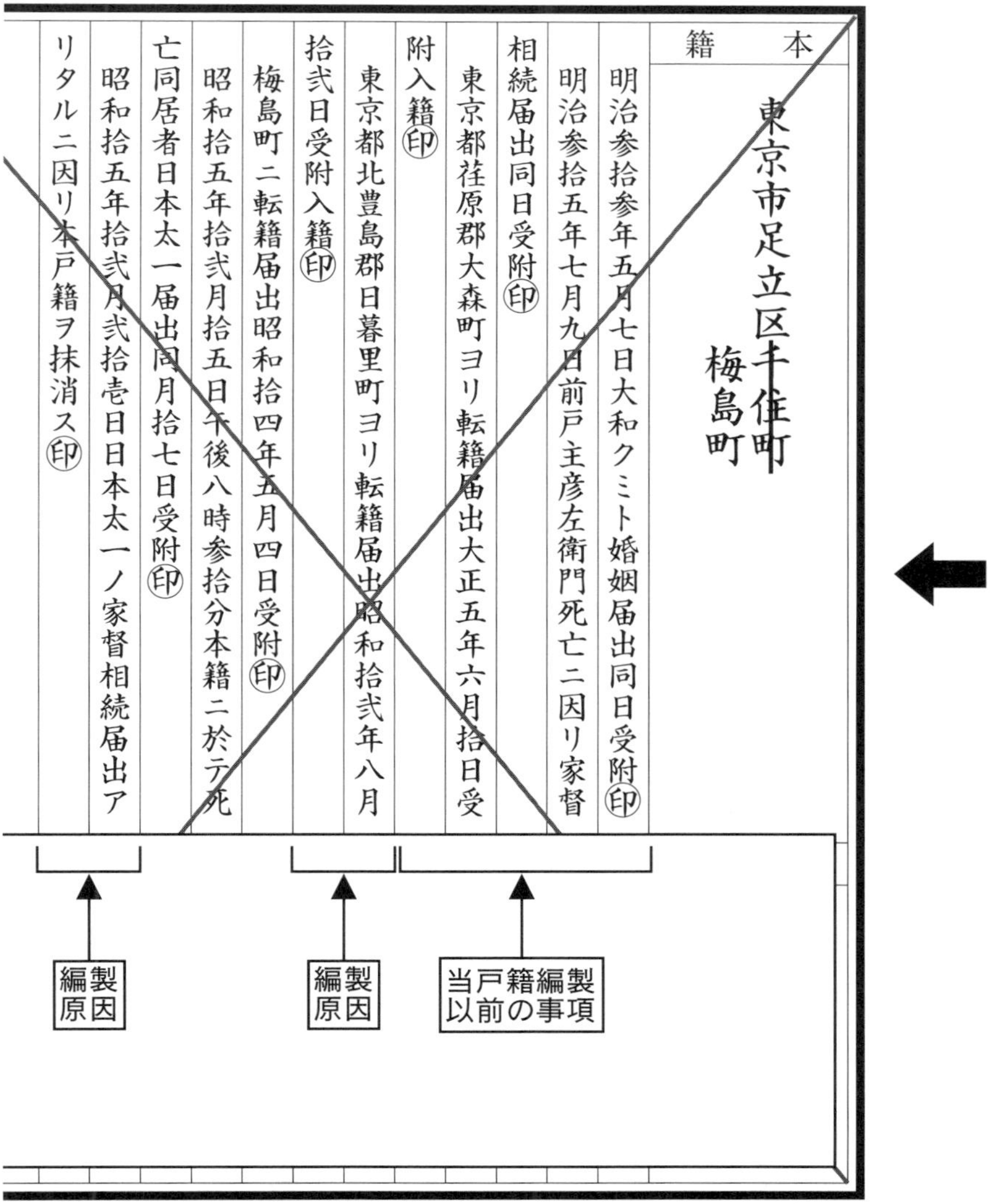

本籍　東京市足立区千住町　梅島町

明治参拾参年五月七日大和クミト婚姻届出同日受附㊞
明治参拾五年七月九日前戸主彦左衛門死亡ニ因リ家督相続届出同日受附㊞
東京都荏原郡大森町ヨリ転籍届出大正五年六月拾日受附入籍㊞
東京都北豊島郡日暮里町ヨリ転籍届出昭和拾弐年八月拾弐日受附入籍㊞
梅島町ニ転籍届出昭和拾四年五月四日受附㊞
昭和拾五年拾弐月拾五日午後八時参拾分本籍ニ於テ死亡同居者日本太一届出同月拾七日受附㊞
昭和拾五年拾弐月弐拾壱日日本太一ノ家督相続届出アリタルニ因リ本戸籍ヲ抹消ス㊞

婚姻、家督相続、最初の転籍の記載が転記され、次に当戸籍の編製原因である日暮里町からの転籍が記載されています。

その次の転籍の記載をみると、「梅島町ニ転籍」と、「ヨリ」でなく「ニ」が使われています。このことから、同じ管轄役所内での転籍であることが判ります。これは、本籍地欄の変更内容でも確認できます。

その後、日本市朗が死亡して太一が家督を相続したので、全戸除籍されたことが記載されています。

このように、明治31年式・大正４年式の戸籍では、過去の転籍記録もずっと記載されます。過去の変遷をまとめて知るには便利なのですが、その戸籍自体の編製原因をみるときには注意する必要があります。

その戸籍自体の編製原因は、戸主事項欄の最後から記載を確認していくとわかりやすいでしょう。「ニ転籍」を無視して順次過去の記載に進み、最初に見つかった編製原因が、目的の、その戸籍自体の編製原因です。

昭和23年式戸籍以降

昭和23年式以降は、従前の戸籍での戸籍事項は転記しないものとされたために、役所の管轄地域を越えた転籍が累積的に転記されることはありません。

6 改製について

大正時代中期に撮影（提供：大竹勝治郎）

1．改製の全体像

戸籍の書式が変更される時には、旧書式で作られた戸籍を変更後の書式に合わせて改製するための法令により、改製期日、改製手続等が定められます。

その時存在している戸籍のすべてをただちに改製することはできませんから、順次、改製していくことになります。そのため、旧書式の戸籍と新書式の戸籍が併存します。

なお、新しい法律が施行されたのちは、改製されずに使われている旧書式の戸籍へ事項を記載するときにも、新しい規則にしたがって記載を行います。戸籍を見るときは、法改正の時期に注意しなければなりません。

戸籍の存在期間の概要

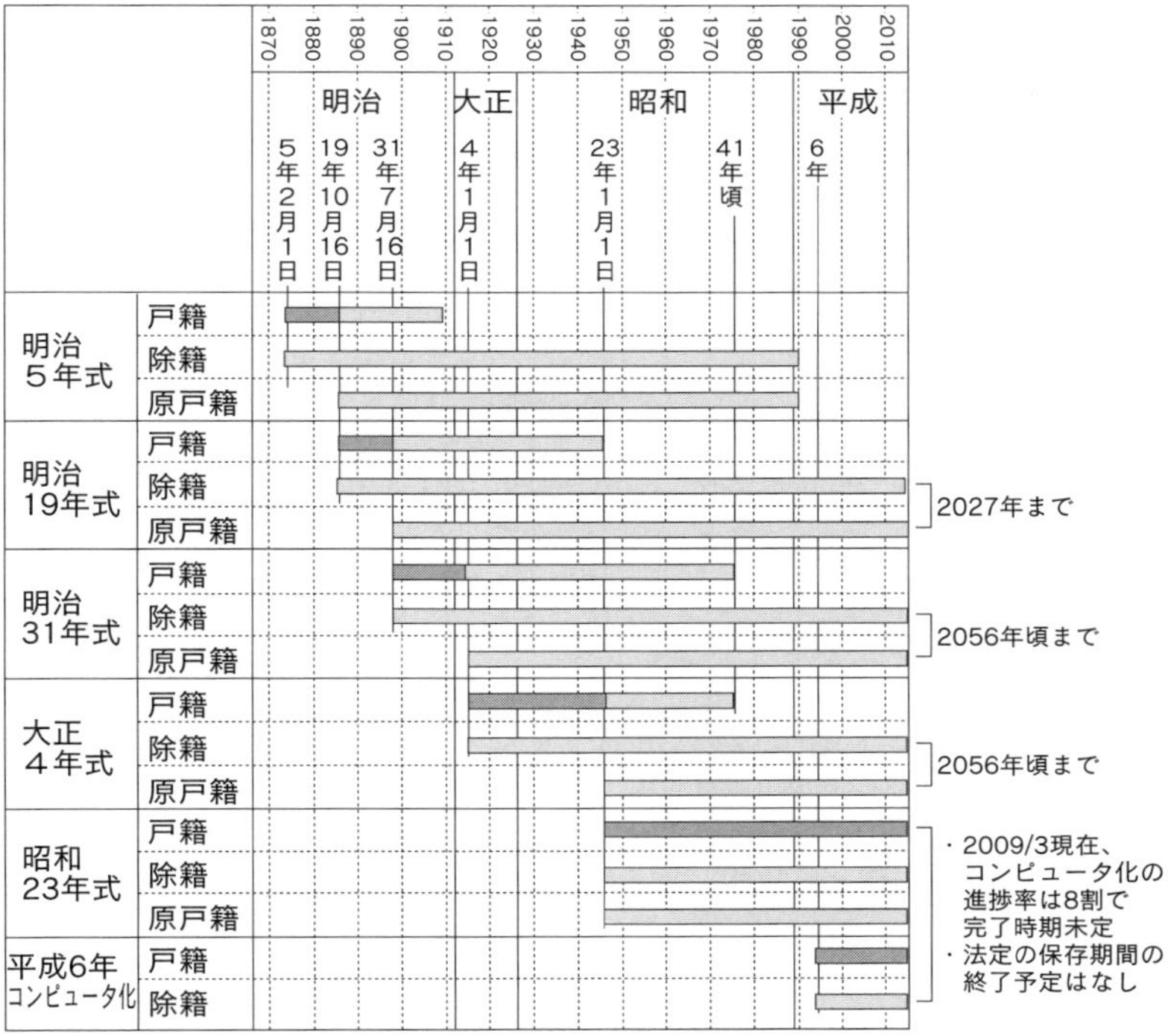

法定の保存期限が終了していないものが存在している可能性のある期間

新規に編成された期間

（注意）

1．この図は日本のどこかに戸籍が残っている可能性を示すものであり、個別の保存期間は、その戸籍が除籍となったか、改製された時点から起算されます。

2．戸籍は保存期間内であっても、災害等の原因で失われることがあります。

3．保存期間を超えた場合にただちに廃棄すべきという定めがあるわけではないので、保存期間を超えても保存されている場合もあります。

第６章　改製について

明治５年式戸籍の改製

明治５年式戸籍は、明治19年式、あるいは明治31年式に改製されました。この改製は、個々の市町村が、その人的あるいは経済的事情を考慮して、管轄庁の許可を得て行う、自主的なものとされたので、なかなか進みませんでした。改製の完了には明治43年頃までかかったようです。

改製原戸籍の保存期間は当初50年とされましたが、昭和42年に80年に改正されました。ただし、明治５年式戸籍は同和関係の旧身分、病歴・犯罪歴の記載があるために閲覧不可とされていますから、たとえ残っていたとしても、改製原戸籍を見ることはできません。

明治19年式戸籍の改製

明治19年式戸籍は、明治31年、大正４年の書式施行時に、改製すべきと定められました。しかし、個々の市町村の事情に応じた自主的な改製だったため、その改製作業が行われないままになった戸籍も多く、昭和になっても明治19年式の戸籍が残っていました。昭和22年11月13日に、明治19年式戸籍を大正４年式に改製する司法大臣訓令が発令され、昭和22年末までに改製が完了しました。

改製原戸籍の保存期間は当初50年とされましたが、昭和42年に80年に改正されました。

明治31年式戸籍の改製

明治31年式戸籍は、大正４年の書式施行時に改製すべきとは定められたものの、改製することなく大正４年式の戸籍と同様の効力を持つものと認められたこと、個々の市町村の事情に応じた自主的な改製だったこともあり、昭和になっても旧書式の戸籍が残っていました。

昭和22年の新しい戸籍法施行時点で旧書式のまま残っていたものについては、大正４年式と同様、当初は新法の戸籍と同様の効力を持つと認められました。その後、昭和32年６月１日法務省令二七号により、新法の戸籍の書式への改製が進められました。新法の戸籍の書式への改製は、大幅な民法改正に伴って行われたもので、複雑な手順を踏みましたので、あとで詳しく説明します。

改製原戸籍の保存期間は当初50年とされましたが、大正４年式に改製されたものに

第6章　改製について

ついては昭和42年に、昭和22年式に改製されたものについては平成16年に、それぞれ80年に改正されました。

大正4年式戸籍の改製

昭和22年の新しい戸籍法では、大正4年式戸籍は新法の戸籍と同様の効力を持つものと認められましたので、その改製はすぐには行われませんでした。

終戦直後の混乱期ということもあって、改製は10年後に延期され、昭和32年6月1日法務省令二七号により、昭和33年4月1日から改製が始まりました。この改製は大幅な民法改正に伴って行われ、複雑な手順を踏みましたので、あとで詳しく説明します。

改製原戸籍の保存期間は当初50年とされましたが、平成16年に80年に改正されました。

昭和23年式戸籍の改製

平成6年の法改正により、戸籍のコンピュータ化が進んでいます。コンピュータ管理への移行に伴う改製によってできた改製原戸籍の保存期間は、１００年です。

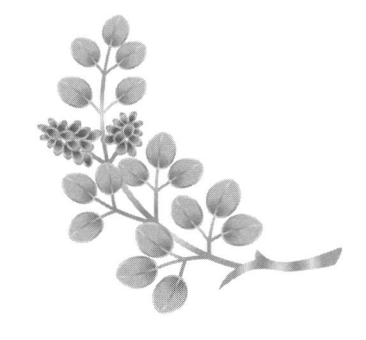

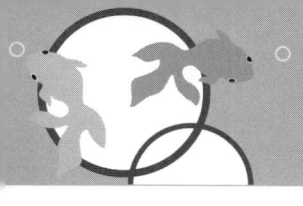

2. 昭和の改製

新しい民法と戸籍制度

昭和22年の新しい戸籍法は、「家」制度の廃止に伴って改正されたものです。男女の平等、個人の尊厳を基調とする新しい民法に合わせて、戸籍の編成の単位、戸籍の様式が変更されました。

「家」制度について、改めて確認しておきましょう。

戸籍法上の「家」制度が完成したのは明治31年の法改正の時ですが、「家」という考え方は、江戸時代以前からありました。

「家」とは、家長夫婦を中心に、親族が協力して家業の繁栄・永続を求めていくことを理想としたもので、武家に限らず庶民にもあった共同体のしくみです。この「家」という共同体のしくみを法律上のしくみとして定める際には、儒教的な家父長制が意識され、家長＝戸主が分家や家族の婚姻などについての権限を持つことが明確にされました。

昭和の新しい民法がこの「家」制度を廃止したために、戸籍法も大幅に変わることとなったわけです。

新しい民法の施行により、家督相続および分家、廃家などの、「家」についての法律上の行為はなくなりました。また、数世代がひとつの戸籍に入っている根拠がなくなりました。そこでできたのが、親子２世代のみが戸籍の構成員となるしくみです。

現在、戸籍は、一組の夫婦と、この夫婦と同じ氏の子を単位に編成されています。

また、「戸主」は、特別な権限を持たない「戸籍筆頭者」というものに変更されました。そして、「戸籍筆頭者」には、子はなることができないとされました。

まとめると、戸籍の編製は、次の基準を満たす必要があるということになります。

１）世代数が親子２世代であること（祖父母、孫など３世代以上離れた者の記載は認められません）
　⇓３世代戸籍禁止の原則（戸籍法６条、17条）
２）戸籍内の者の氏が同じであること
　⇓同氏同戸籍の原則（戸籍法６条）
３）２世代戸籍の場合、戸籍筆頭者は親であること（戸籍法９条、14条）

第6章　改製について

昭和の改製の概要

これだけ戸籍の内容が変わったので、既存の戸籍の改製も進めなければならなかったのですが、なにしろ戦後の混乱期です。ただちに進めることはせずに、とりあえずはそのまま使ってもよいこととされました。

改製が始まったのは、昭和33年4月1日からです。とはいっても、すべてをただちに書き換えることはできませんから、改製は2段階で行われました。

第1段階は、「一次改製」と呼ばれます。戸籍に記載されている人の構成が新法の基準に合致している場合は、書換えは行わず、新法基準に合致している旨の記載を追加しました。新法の基準に合致していない場合は、合致するように戸籍を分割しました。この一次改製は、簡易な方法であることから「簡易改製」、また、必ず行わなければならないものとされたことから「強制改製」とも呼ばれます。

第2段階は、「二次改製」と呼ばれます。一次改製の済んだ戸籍のうち、書式の古いものを新書式に書き換えました。この改製は、法律上は必ず行わなければならないものではなく、「してもよい」という扱いだったので、「任意改製」とも呼ばれます。

構成が新法に適合していた戸籍、適合していなかった戸籍、それぞれの戸籍の改製方法について詳しく解説しましょう。

昭和の改製の概要

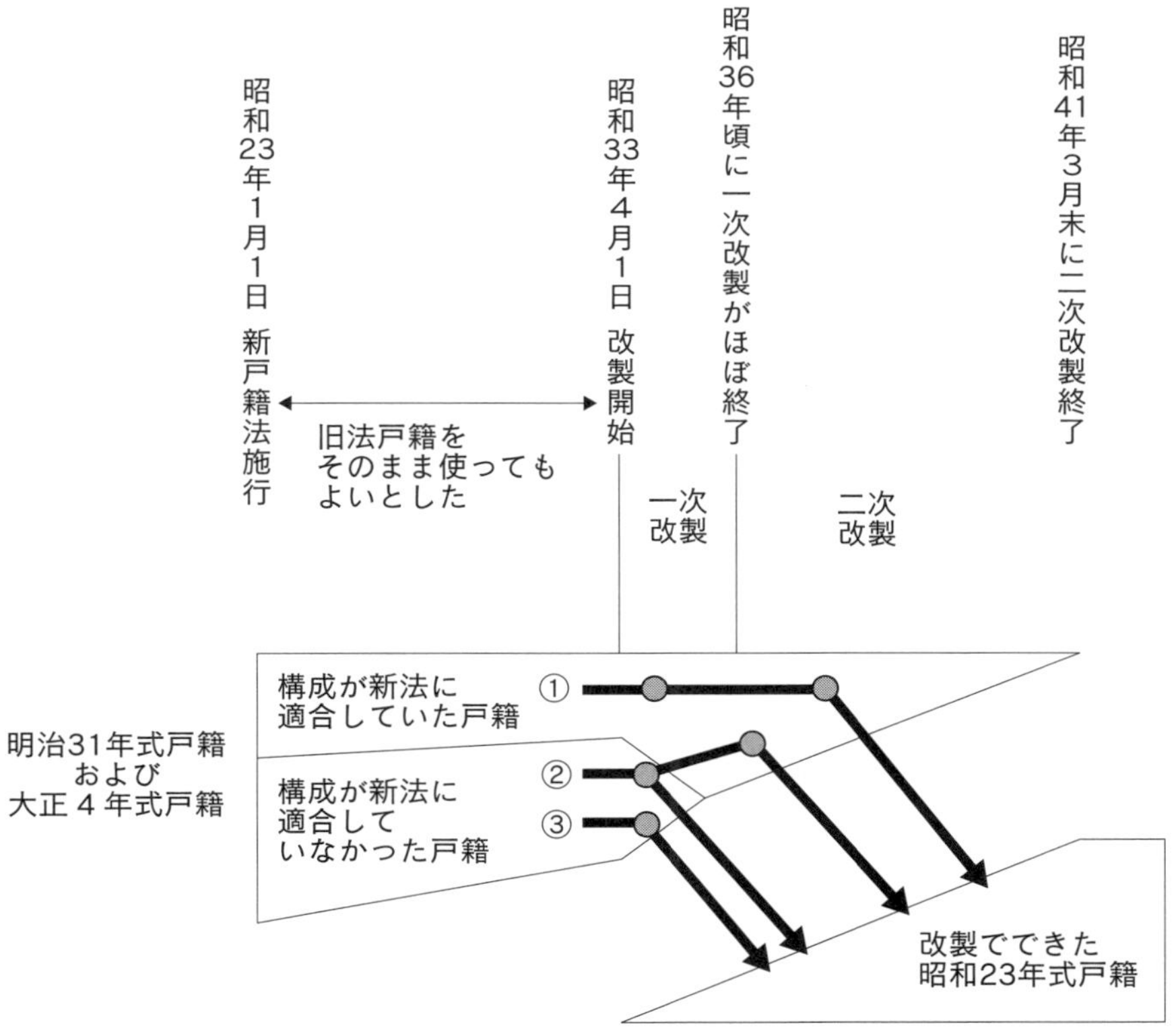
昭和23年1月1日 新戸籍法施行
旧法戸籍を
そのまま使っても
よいとした
昭和33年4月1日 改製開始
昭和36年頃に一次改製がほぼ終了
昭和41年3月末に二次改製終了
一次
改製
二次
改製
明治31年式戸籍
および
大正４年式戸籍
構成が新法に
適合していた戸籍
①
②
構成が新法に
適合して
いなかった戸籍
③
改製でできた
昭和23年式戸籍

第6章　改製について

構成が新法に適合していた場合

161ページの図中、①に該当するケースです。

戸籍の構成がすでに新法の基準に適合していたものについては、一次改製では書式はそのままで「改製したもの」として扱い、二次改製で昭和23年式の書式に書換えを行いました。

たとえば、夫、妻、子1、子2、夫の母、の5名が記載されていた戸籍をイメージしてみてください。夫の母が一次改製の時までに亡くなった場合には、この戸籍にいるのは実質的に親子2世代のみで、しかも夫（親）が戸主となっていますから、「親子2世代で同氏かつ親が戸籍筆頭者」という新法の基準に適合していることになります。

この場合、一次改製では、旧書式のまま、戸籍の事項欄に改製した旨が記載されました。その後、二次改製で実際に書換えが行われて、昭和23年式の新戸籍と改製原戸籍ができました。

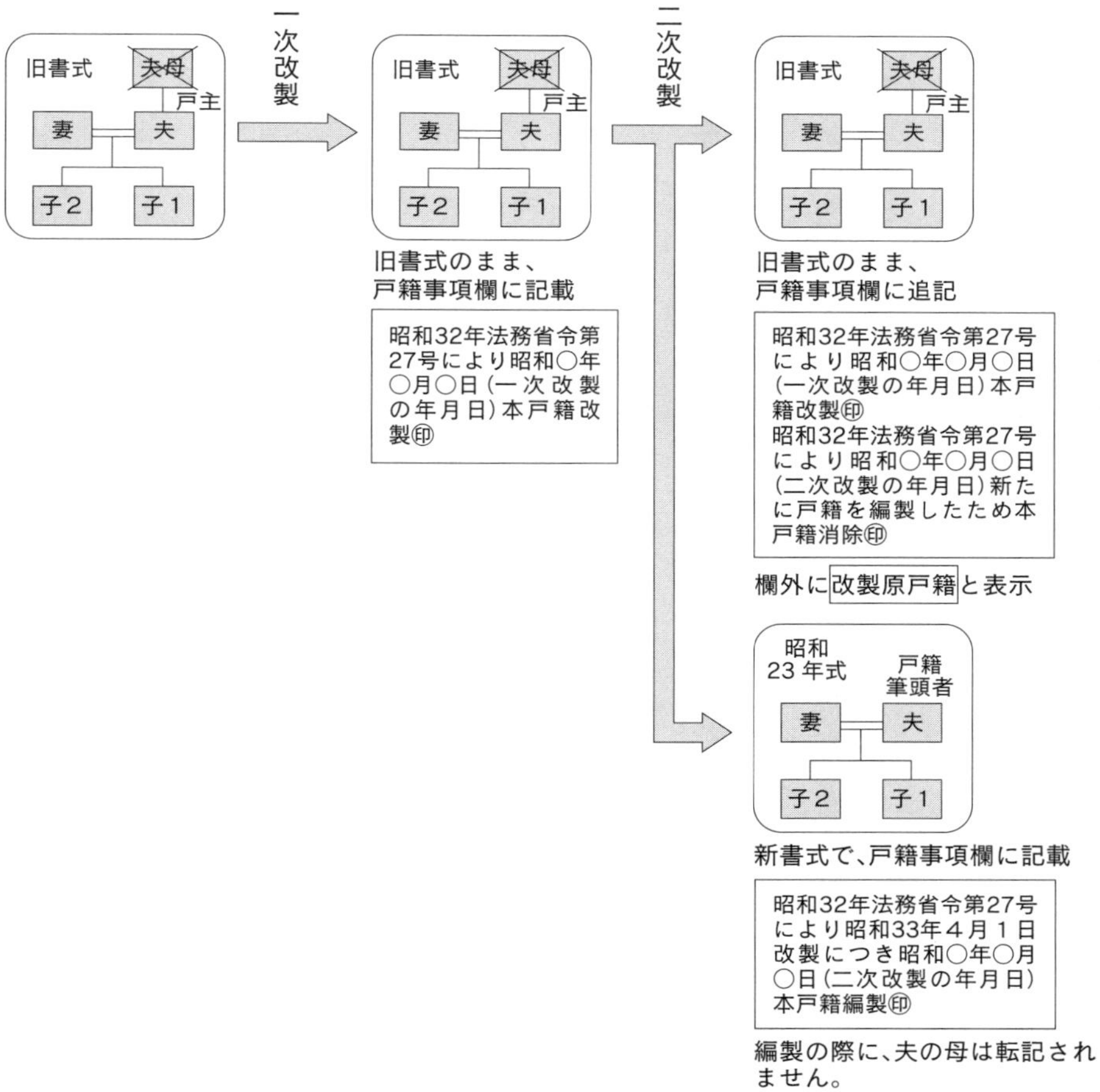
旧書式
夫母
戸主
妻
夫
子2
子1
一次改製
旧書式
夫母
戸主
妻
夫
子2
子1
旧書式のまま、
戸籍事項欄に記載
昭和32年法務省令第27号により昭和○年○月○日（一次改製の年月日）本戸籍改製㊞
二次改製
旧書式
夫母
戸主
妻
夫
子2
子1
旧書式のまま、
戸籍事項欄に追記
昭和32年法務省令第27号により昭和○年○月○日（一次改製の年月日）本戸籍改製㊞
昭和32年法務省令第27号により昭和○年○月○日（二次改製の年月日）新たに戸籍を編製したため本戸籍消除㊞
欄外に改製原戸籍と表示
昭和
23年式
戸籍
筆頭者
妻
夫
子2
子1
新書式で、戸籍事項欄に記載
昭和32年法務省令第27号により昭和33年4月1日改製につき昭和○年○月○日（二次改製の年月日）本戸籍編製㊞
編製の際に、夫の母は転記されません。

構成が新法に適合していなかった場合
～二次改製による書換えが行われた場合

161ページの図中、②に該当するケースです。

たとえば、夫、妻、子１、子２、夫の母、夫の弟、の６名が記載されていた戸籍をイメージしてみてください。この戸籍は、新法の基準には適合していません。この場合、この戸籍を一次改製で新法の基準に適合する２個の戸籍に分離して、旧書式のまま残った戸籍については二次改製で書換えを行いました。

事例の場合、夫と妻、子１、子２の４人は旧書式のまま残し、夫の母と弟については母を戸籍筆頭者とする新戸籍を昭和23年式で編製します。夫と妻、子１、子２の４人の戸籍は、①のケースと同様に、二次改製で書き換えられました。夫の母と弟の戸籍はすでに新書式で作られていますので、二次改製は行われません。

この事例ではもとの戸籍が２個に分けられましたが、たとえばもとの戸籍に夫の叔父がいたような場合には、一次改製で叔父のみの戸籍も編製されて、都合３個に分けられることになります。

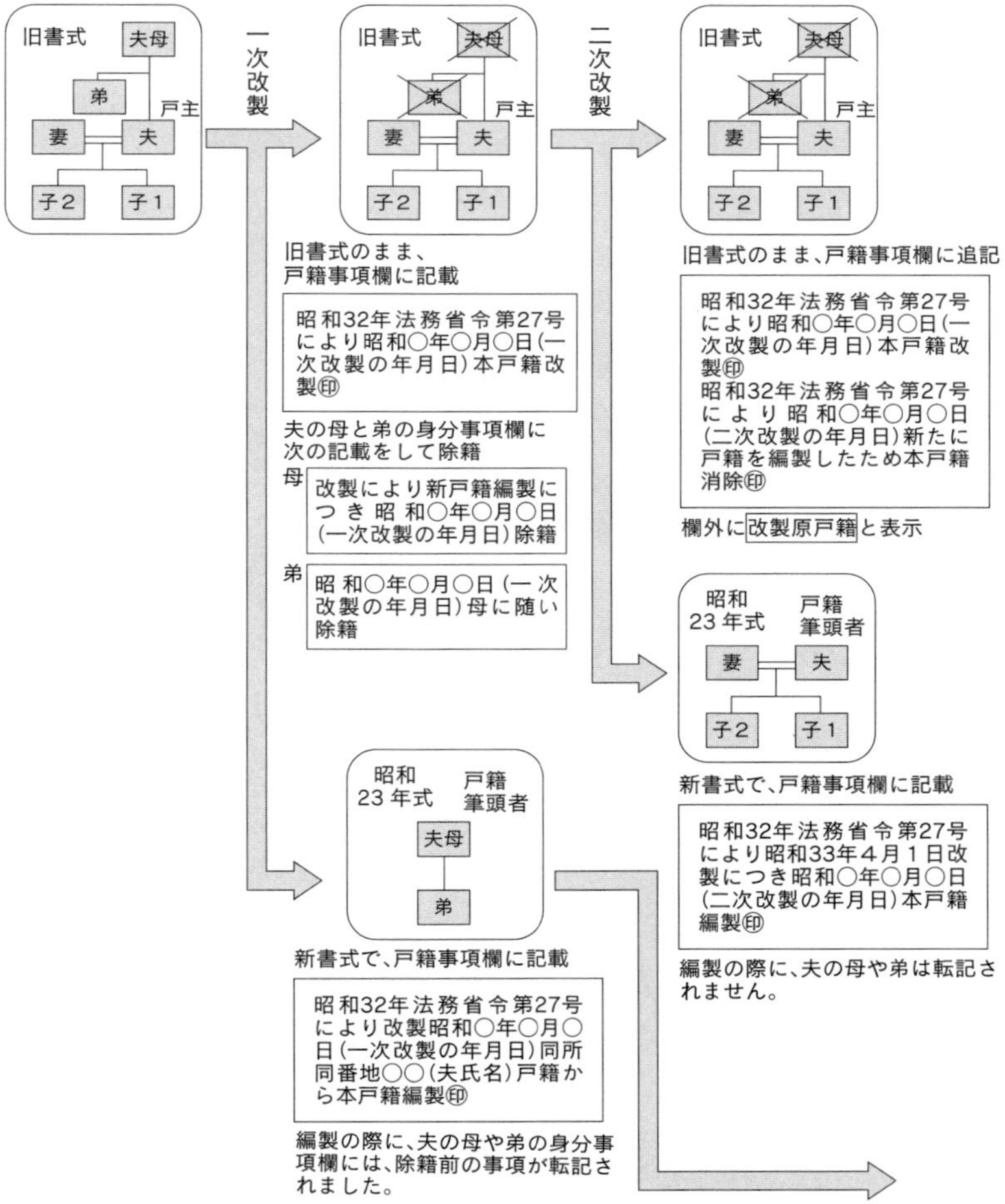
旧書式
夫母
弟
戸主
妻
夫
子2
子1
一次改製
旧書式
夫母
弟
戸主
妻
夫
子2
子1
旧書式のまま、
戸籍事項欄に記載
昭和32年法務省令第27号により昭和○年○月○日(一次改製の年月日)本戸籍改製㊞
夫の母と弟の身分事項欄に次の記載をして除籍
母
改製により新戸籍編製につき昭和○年○月○日(一次改製の年月日)除籍
弟
昭和○年○月○日(一次改製の年月日)母に随い除籍
二次改製
旧書式
夫母
弟
戸主
妻
夫
子2
子1
旧書式のまま、戸籍事項欄に追記
昭和32年法務省令第27号により昭和○年○月○日(一次改製の年月日)本戸籍改製㊞
昭和32年法務省令第27号により昭和○年○月○日(二次改製の年月日)新たに戸籍を編製したため本戸籍消除㊞
欄外に改製原戸籍と表示
昭和
23年式
戸籍
筆頭者
妻
夫
子2
子1
新書式で、戸籍事項欄に記載
昭和32年法務省令第27号により昭和33年4月1日改製につき昭和○年○月○日(二次改製の年月日)本戸籍編製㊞
編製の際に、夫の母や弟は転記されません。
昭和
23年式
戸籍
筆頭者
夫母
弟
新書式で、戸籍事項欄に記載
昭和32年法務省令第27号により改製昭和○年○月○日(一次改製の年月日)同所同番地○○(夫氏名)戸籍から本戸籍編製㊞
編製の際に、夫の母や弟の身分事項欄には、除籍前の事項が転記されました。

構成が新法に適合していなかった場合
〜一次改製のみで書換えが終了した場合

161ページの図中、③に該当するケースです。

たとえば、子1を戸主として、夫、妻、子1、子2、の4名が記載されていた戸籍をイメージしてみてください。この戸籍は、「親子2世代で同氏」ですが、親が戸主ではありませんから、新法の基準には適合していません。

事例の場合、一次改製で、夫を戸籍筆頭者とする新戸籍が編製されました。旧書式の戸籍は、この時点で改製原戸籍になりました。一次改製で昭和23年式への書換えが済んでいますから、二次改製は行われません。

たとえばもとの戸籍に夫の叔父がいたような場合には、一次改製で叔父のみの戸籍も編製されて、都合2個に分けられることになります。

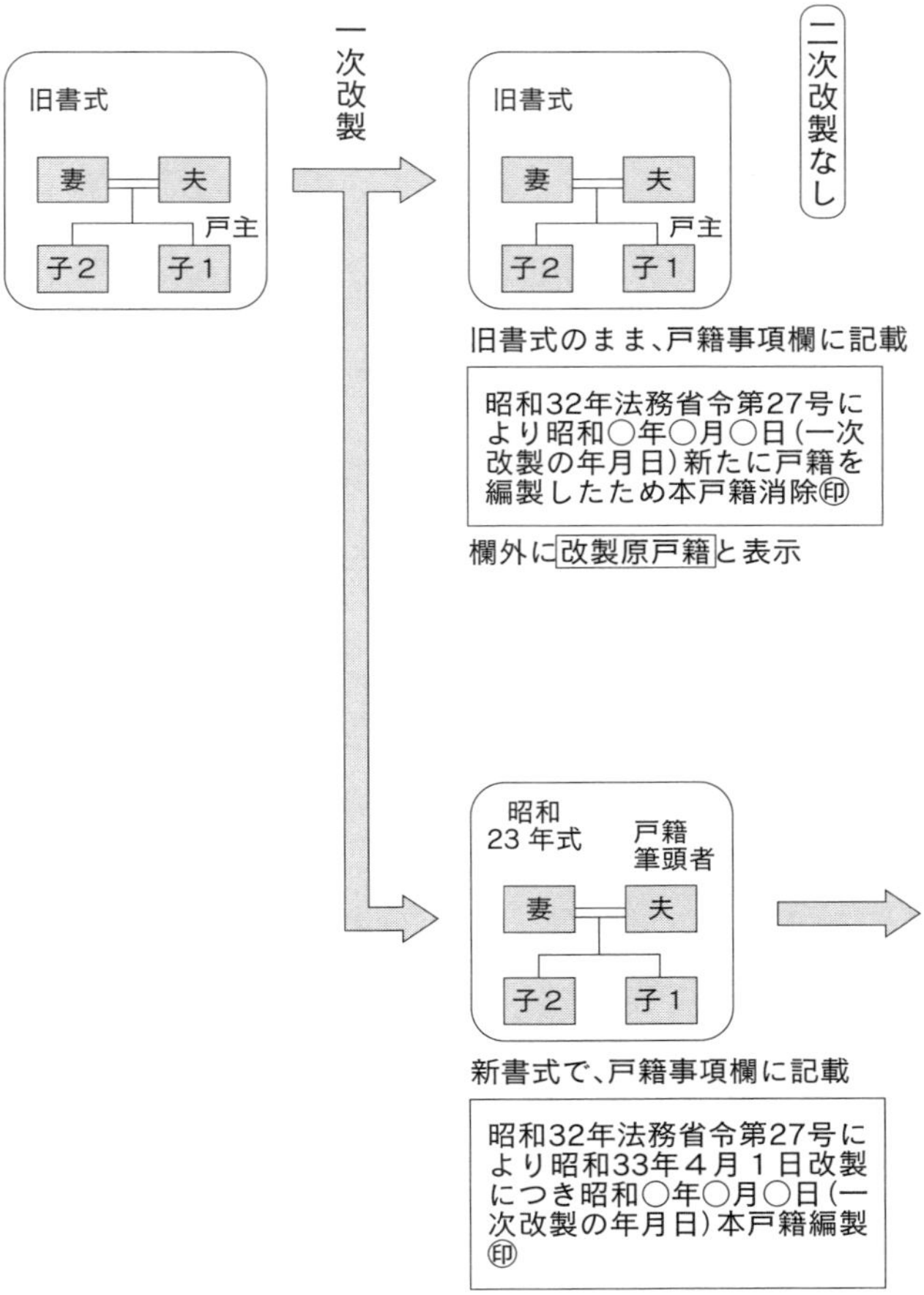
旧書式
妻
夫
戸主
子2
子1
一次改製
旧書式
妻
夫
戸主
子2
子1
二次改製なし
旧書式のまま、戸籍事項欄に記載
昭和32年法務省令第27号により昭和○年○月○日(一次改製の年月日)新たに戸籍を編製したため本戸籍消除㊞
欄外に改製原戸籍と表示
昭和23年式
戸籍筆頭者
妻
夫
子2
子1
新書式で、戸籍事項欄に記載
昭和32年法務省令第27号により昭和33年4月1日改製につき昭和○年○月○日(一次改製の年月日)本戸籍編製㊞

改製保留期間の措置

昭和23年1月1日から昭和33年3月31日までは、旧法戸籍をそのまま使ってもよいこととされた期間、つまり、改製が保留された期間です。この期間の措置について、少し触れておきましょう。

この期間は改製が保留されていましたが、新戸籍法の新戸籍編製基準に合致する事項が発生した場合には、戸籍は分けられました。これはあくまでも新戸籍法の運用にしたがったものであり、改製ではありませんから、この場合の事項の記載に「改製」という文字は現れません。

戸籍1 のような構成の3世代戸籍をイメージしてみてください。

戸籍1

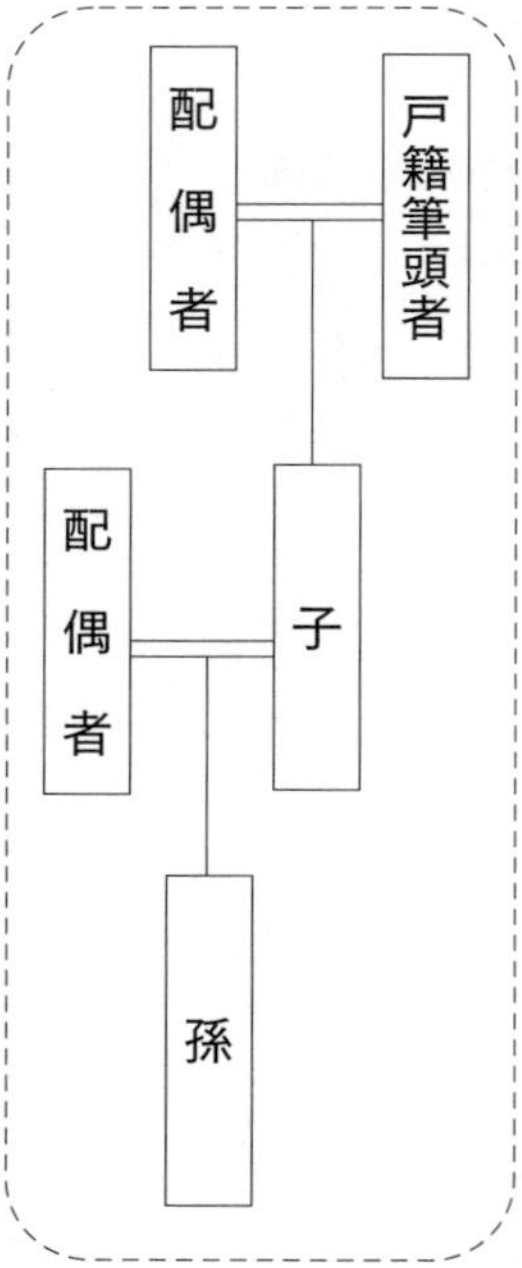

この戸籍は、新法の基準には適合していません。しかし、改製保留期間の間は、ただ新法の基準の構成でないからといって編製し直すことはありませんでしたので、このまま何もなければこの３世代戸籍が維持されるところでした。

ところで、戸籍の編製原因のひとつに、「戸籍の筆頭に記載した者及びその配偶者以外の者がこれと同一の氏を称する子又は養子を有するに至ったときは、その者についての新戸籍を編製する」というものがあります。

孫がもうひとり生まれると、戸籍筆頭者とその配偶者以外の者が子を有したことになります。新戸籍法の新戸籍編製基準に合致する事項が発生したわけです。そこで、戸籍が分けられることになります。

この場合、子とその配偶者、孫による戸籍（170ページの図中 戸籍３）が新たに編製されます。その結果、もとの戸籍に残った戸籍筆頭者と配偶者による戸籍（170ページの図中 戸籍２）も、新法の基準に合致するものとなります。

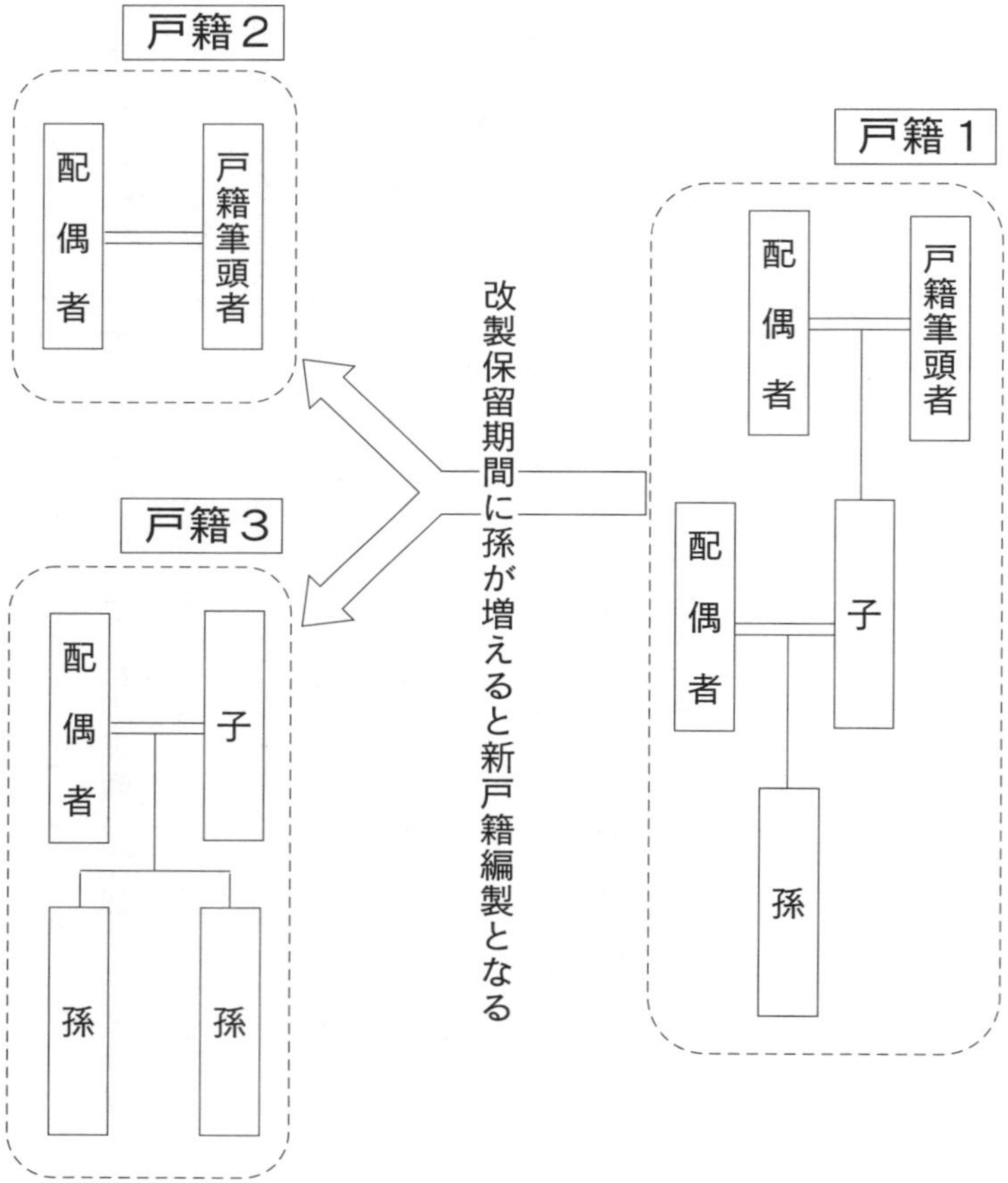
戸籍２
配偶者
戸籍筆頭者
改製保留期間に孫が増えると新戸籍編製となる
戸籍１
配偶者
戸籍筆頭者
配偶者
子
孫
戸籍３
配偶者
子
孫
孫

一方、戸籍4も3世代戸籍です。この家族にもうひとり子が生まれた場合はどうでしょうか。

戸籍4

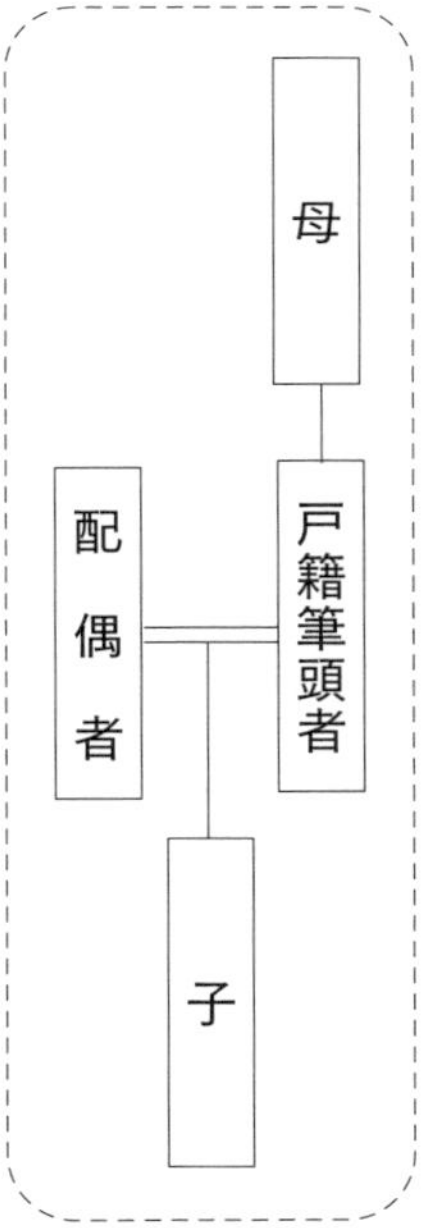

一見、戸籍1と同じように見えますが、生まれたのは戸籍筆頭者の子ですから、編製原因には該当しません。よって、新戸籍が編製されることはなく、改製保留期間中はこのまま3世代戸籍が維持されることになります。

7 戸籍のたどり方

大正初期に撮影（提供：大竹勝治朗）

第7章　戸籍のたどり方

ご先祖様について、専門家に依頼して調べるとなると、費用の問題もありますし、すべてのご先祖様をたどるわけにはいかないということもあると思います。しかし、自分で調べるのであれば、時間と手間をかければ、父親をずっとたどるだけでなく、母親をたどったり、場合によっては父親の母親までたどってすべてのご先祖様をたどることも可能です。

戸籍を使って、どの時代までさかのぼることができるでしょうか。

どんな場所の、どんな名前のご先祖様を見つけることができるでしょうか。

これまで、戸籍の読み取り方をひととおり学んできました。ここまでに得た知識があれば、取得した戸籍に記載された内容を読み解いて、ご先祖様の情報を得ることが可能です。

しかし、「現在から過去に向かって戸籍をたどる」という流れに沿った読み方については解説していませんでしたので、この章では、「戸籍をたどる」練習をしてみることにしましょう。

すべてのご先祖様をたどるとなると、戸籍の数も多くなり、内容的にも重複が多くなりますので、ここでは「平成21年に、日本茂が父親をずっとたどる」というストーリーに限定した内容としました。

あわせて、父親以外をたどりたい場合にどんな戸籍をたどることができるかについても例示しておきましたので、参考にしてみてください。

まめ知識　こうすると便利、「戸籍にラベルをつける」

戸籍を読み解く過程で、ひとつの戸籍を何度も見直すことがあると思います。ところが、戸籍がたくさんあると、見たい戸籍がどれなのか、すぐには判らないということも起きます。そこで、戸籍に番号をつけ、次のような付箋紙のラベルをつけておくと、戸籍の関係も把握しやすくなります。

さらに、このラベルをはがして、ラベルのみで戸籍の関係を整理したりもできます。戸籍の取り落としがないかの確認も、容易にできるでしょう。

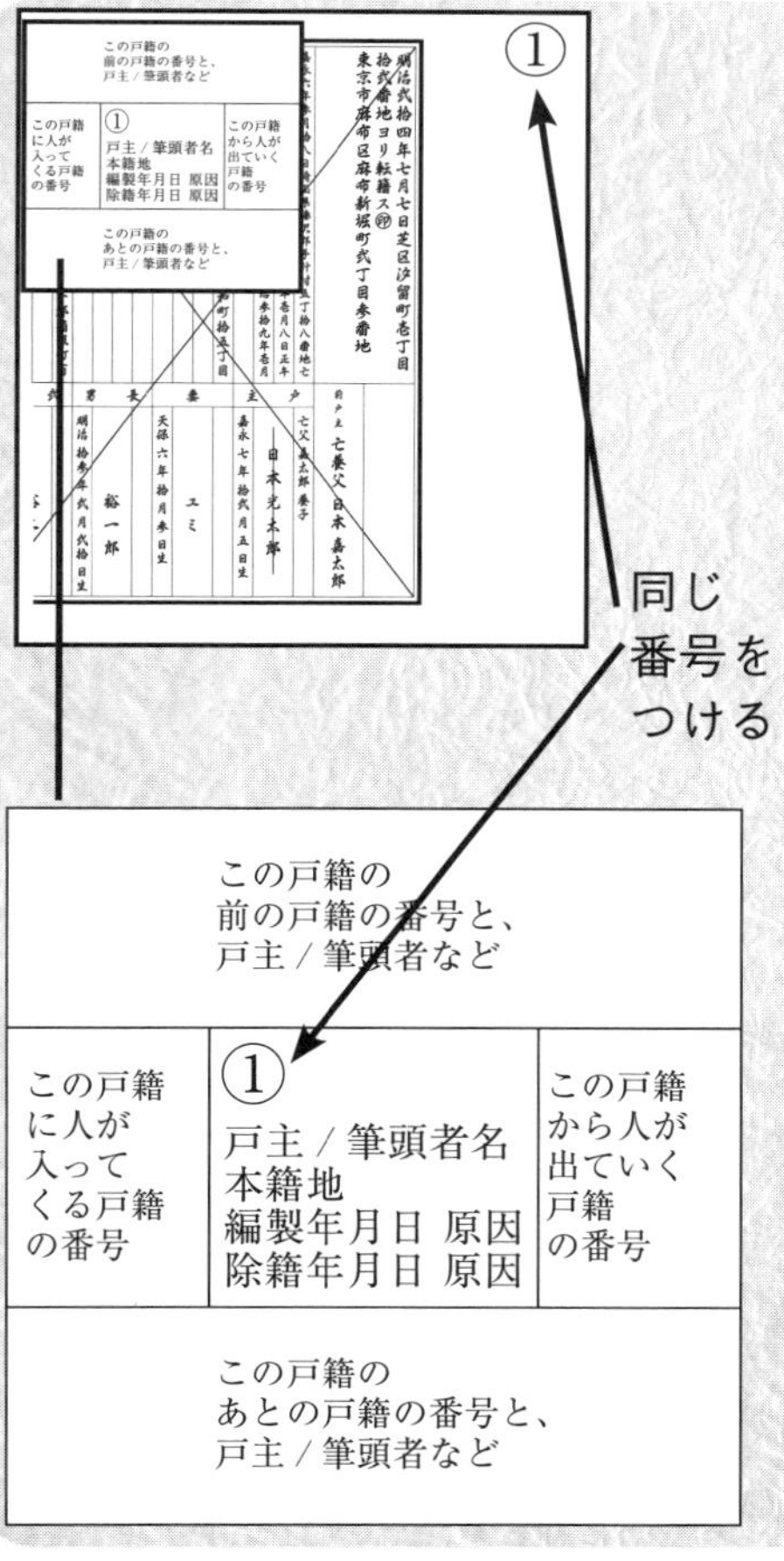

①日本茂の全部事項証明書

（1／2）　全部事項証明

本　　籍 氏　　名	東京都港区南麻布5丁目7番地 日本　茂
戸籍事項 　戸籍改製	【改製日】平成16年7月31日 【改製事由】平成6年法務省令第51号 附則第2条第1項による改製
戸籍に記載されている者	【名】茂 【生年月日】昭和27年10月3日 【父】日本次郎 【母】日本幸子 【続柄】長男
身分事項 　出　　生	【出生日】昭和27年10月3日 【出生地】東京都港区 【届出日】昭和27年11月2日 【届出人】父
婚　　姻	【婚姻日】昭和54年7月7日 【配偶者】斉藤有希 【従前戸籍】東京都港区西麻布3丁目 7番地　日本次郎

（2／2） 全部事項証明

戸籍に記載されている者	【名】有希 【生年月日】昭和 31 年 4 月 7 日 【父】斉藤昭二 【母】斉藤久子 【続柄】長女
身分事項 出　　生	【出生日】昭和 31 年 4 月 7 日 【出生地】東京都千代田区 【届出日】昭和 31 年 4 月 10 日 【届出人】父
婚　　姻	【婚姻日】昭和 54 年 7 月 7 日 【配偶者】日本茂 【従前戸籍】東京都渋谷区広尾 4 丁目 5 番地　斉藤昭二
戸籍に記載されている者	【名】大輔 【生年月日】昭和 55 年 4 月 18 日 【父】日本茂 【母】日本有希 【続柄】長男
身分事項 出　　生	【出生日】昭和 55 年 4 月 18 日 【出生地】東京都港区 【届出日】昭和 55 年 4 月 20 日 【届出人】父
	以下余白

戸籍の関係は、次のようになっています。

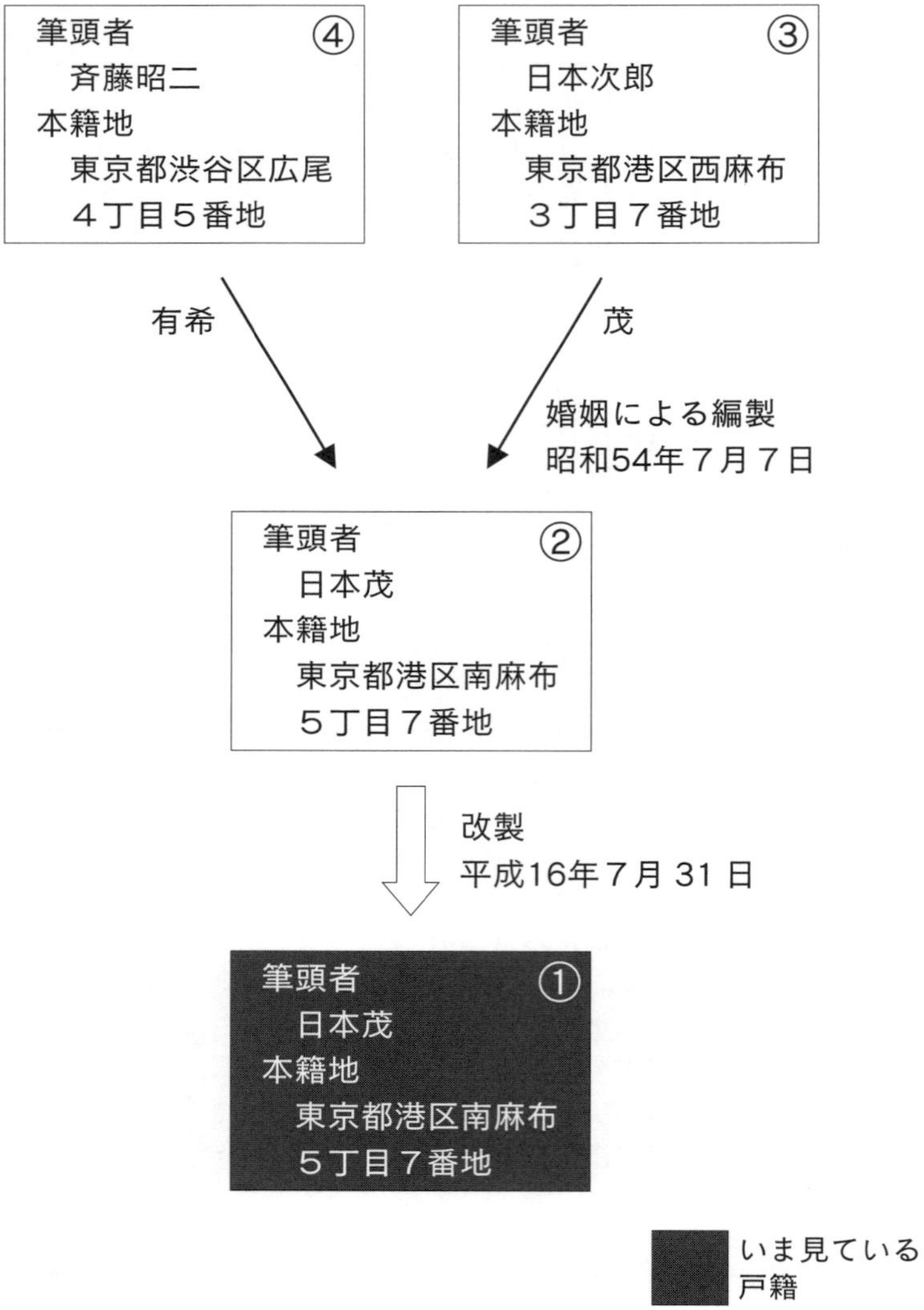

②日本茂の戸籍

これは本人の戸籍ですから、取得することができます。戸籍事項の欄に「戸籍改製」とあることから、「平成の改製」の「改製原戸籍」があることがわかります。ただし、婚姻した時の戸籍が改製原戸籍になったのか、婚姻後に転籍して、転籍したあとの戸籍が改製原戸籍になったのか、①から知ることはできません。どちらであるのかは、改製原戸籍（②）から判ります（もっとも、この点については、茂本人は当然知っているはずです）。

③日本次郎の戸籍

「従前戸籍」の項目から、婚姻前の親の戸籍が判ります。この戸籍が現戸籍なのか、それとも除籍なのか、これも①からはわかりません。本人が含まれている戸籍ですし、また保存期間の面からも、問題なく取得することができます。

④斉藤昭二の戸籍

茂の配偶者・有希の従前戸籍です。本人の配偶者が含まれており、保存期間の面からも問題ありませんので、取得することができます。

今回は父親をたどりますので、取得対象となるのは②と③の戸籍です。

step 2

②の戸籍を読み解く

②の戸籍

改製原戸籍

平成六年法務省令第五一号附則第二条第一項による改製につき平成七年八月九日消除㊞

本籍	東京都港区南麻布五丁目七番地
氏名	日本　茂

昭和五拾四年七月七日編製㊞

昭和弐拾七年拾月参日東京都港区で出生父日本次郎届出拾壱月弐日受附入籍㊞

昭和五拾四年七月七日斉藤有希と婚姻届出東京都港区西麻布参丁目七番地日本次郎戸籍から入籍㊞

父	日本　次郎
母	幸子
長男	
夫	茂
出生	昭和弐拾七年拾月参日

昭和参拾壱年四月七日東京都千代田区で出生父斉藤昭二届出同月拾日受附入籍㊞

昭和五拾四年七月七日日本茂と婚姻届出東京都渋谷区広尾四丁目五番地斉藤昭二戸籍から入籍㊞

父	斉藤昭二
母	久子
	長女
妻	有希
出生	昭和参拾壱年四月七日

昭和五拾五年四月拾八日東京都港区で出生同月弐拾日父日本茂届出入籍㊞

父	日本茂
母	有希
	長男
	大輔
出生	昭和五拾五年四月拾八日

昭和五拾七年五月参日東京都港区で出生同月六日父
日本茂届出入籍㊞
平成拾五年六月弐拾四日増川洋二郎と婚姻届出神奈
川県横浜市中区山手町壱丁目弐番地に夫の氏の新戸籍
編製につき除籍㊞

父	日本　茂
母	有希
	長女
	綾子
出生	昭和五拾七年五月三日

父	
母	
出生	年　月　日

今回、新たに、茂には長女・綾子がいたことが判りました。綾子のことは茂には調べるまでもなく判っていたことですが、戸籍を調べていくと、こうして新しい人が見つかっていくのです。

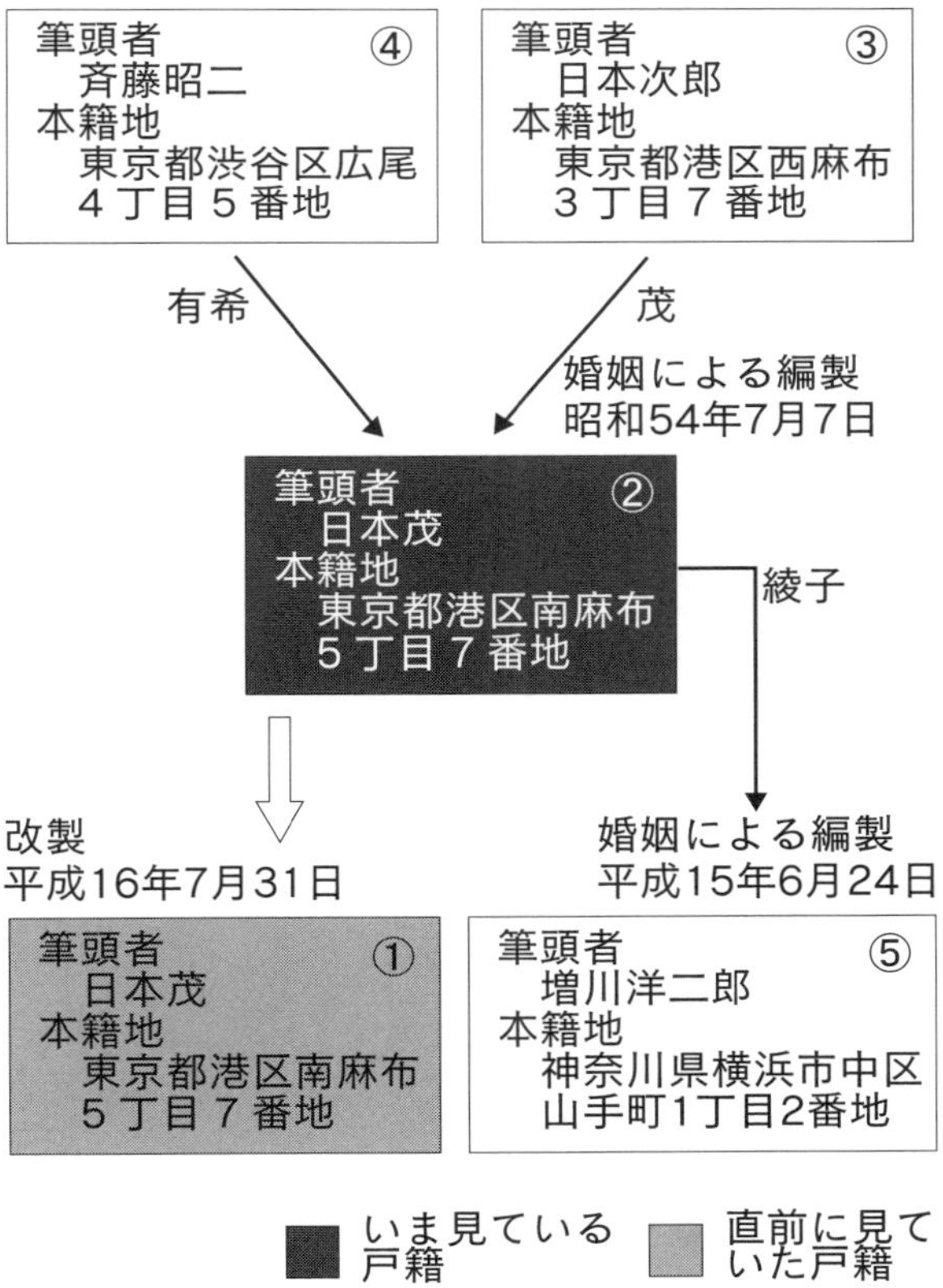

⑤増川洋二郎の戸籍

今回の調査では、この戸籍は取得の対象外です。

step 3

③の戸籍を読み解く

③の戸籍

本籍　東京都港区西麻布参丁目七番地

氏名　日本　次郎

昭和参拾弐年法務省令第二十七号により昭和参拾四年拾月壱日改製につき昭和参拾八年拾月七日本戸籍編製㊞

大正拾弐年五月参日東京都港区で出生父日本裕一郎届出同年拾壱月弐日受附入籍㊞

吉田幸子と婚姻届出昭和拾九年拾弐月七日受附㊞

父　日本　裕一郎

母　スミ

弐男

夫

次郎

出生　大正拾弐年五月参日

大正拾四年五月拾日東京市下谷区で出生父吉田
武雄届出同月拾参日受附入籍㊞
昭和拾九年拾弐月七日日本次郎と婚姻届出東京
都下谷区上野拾丁目拾番地吉田武雄戸籍より入籍
㊞

父　吉田　武雄
母　幸恵
弐女

妻
幸子

出生　大正拾四年五月拾日

昭和弐拾七年拾月参日東京都港区南麻布五丁目
壱番地で出生同月六日父日本次郎届出入籍㊞
昭和五拾四年七月七日斉藤有希と婚姻届出東京
都港区南麻布五丁目七番地に夫の氏の新戸籍編成
につき除籍㊞

父　日本　次郎
母　幸子
長男

茂

出生　昭和弐拾七年拾月参日

戸籍の関係は、次のようになっています。

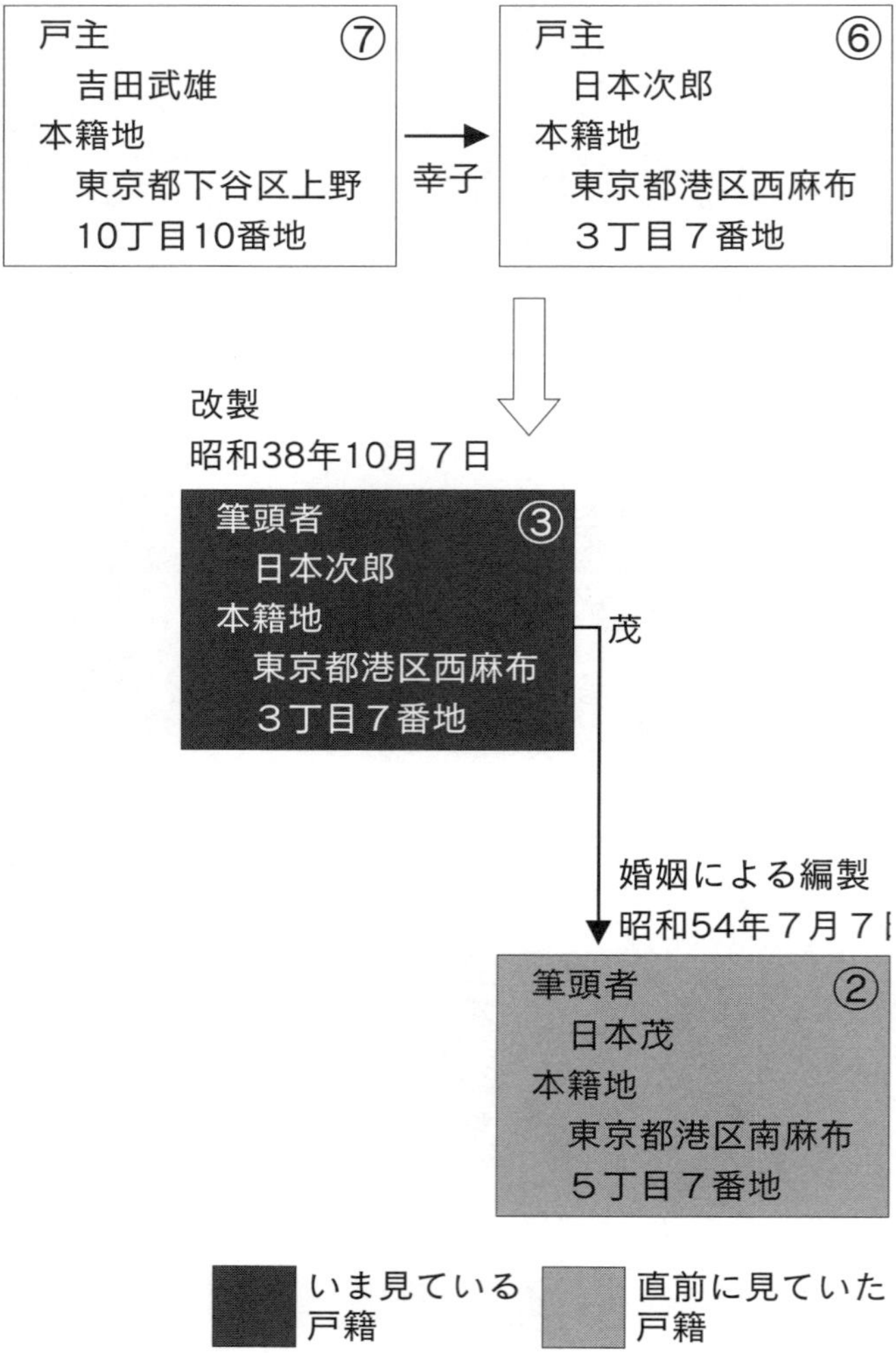

⑥日本次郎の戸籍

戸籍事項欄を見ると、昭和の改製で③の戸籍ができたことが判ります。その改製前の戸籍が⑥の改製原戸籍です。改製前なので、戸籍上では次郎は「戸主」になっています。茂の直系尊属である日本次郎が戸主の戸籍ですし、保存期限上も、問題なく取得することができます。

⑦吉田武雄の戸籍

幸子の身分事項欄から、婚姻で入籍する前の戸籍⑦が判ります。次郎と幸子の婚姻は昭和19年ですから、入籍前に幸子が入っていた武雄の戸籍は、昭和23年式より前の書式で作られています。そのため、現在この戸籍は、改製原戸籍になっているか、あるいは改製前に除籍になっているかです。今回の調査の対象ではないので取得はしませんが、この戸籍も、直系尊属の戸籍で、保存期限も問題ありませんから、取得可能です。

step 4

⑥の戸籍を読み解く

⑥の戸籍

改製原戸籍

本籍　東京都~~麻布区麻布新堀町弐丁目参番地~~
港区西麻布　参丁目七番地

麻布区麻布新堀町弐丁目参番地で出生父日本裕一郎届出大正拾弐年五月参日受附入籍㊞

吉田幸子と婚姻届出昭和拾九年拾弐月七日受附㊞

麻布区麻布新堀町弐丁目参番地戸主日本誠一弟分家届出昭和弐拾年拾弐月五日受附㊞

昭和弐拾弐年参月壱拾五日行政区画変更ニツキ港区南麻布ト更正ス㊞

港区西麻布参丁目七番地に転籍届出昭和弐拾弐年六月弐拾四日受附㊞

昭和参拾弐年法務省令第二十七号により昭和参拾四年拾月壱日本戸籍改製㊞

昭和参拾弐年法務省令第二十七号により昭和参拾八年拾月七日あらたに戸籍を編製したため本戸籍消除㊞

前戸主

戸主

前戸主トノ続柄

父　亡日本裕一郎

母　スミ

弐男

日本　次郎

出生　大正拾弐年五月参日

昭和拾九年拾弐月七日日本次郎と婚姻届出東京都
下谷区上野拾丁目拾番地吉田武雄戸籍より入籍㊞

昭和弐拾七年拾月参日東京都港区南麻布五丁目
壱番地で出生同月六日父日本次郎届出入籍㊞

妻

父 吉田 武雄
母 幸恵
弐女

出生 大正拾四年五月拾日

幸子

長男

父 日本 次郎
母 幸子
長男

出生 昭和弐拾七年拾月参日

茂

戸籍の関係は、次のようになっています。

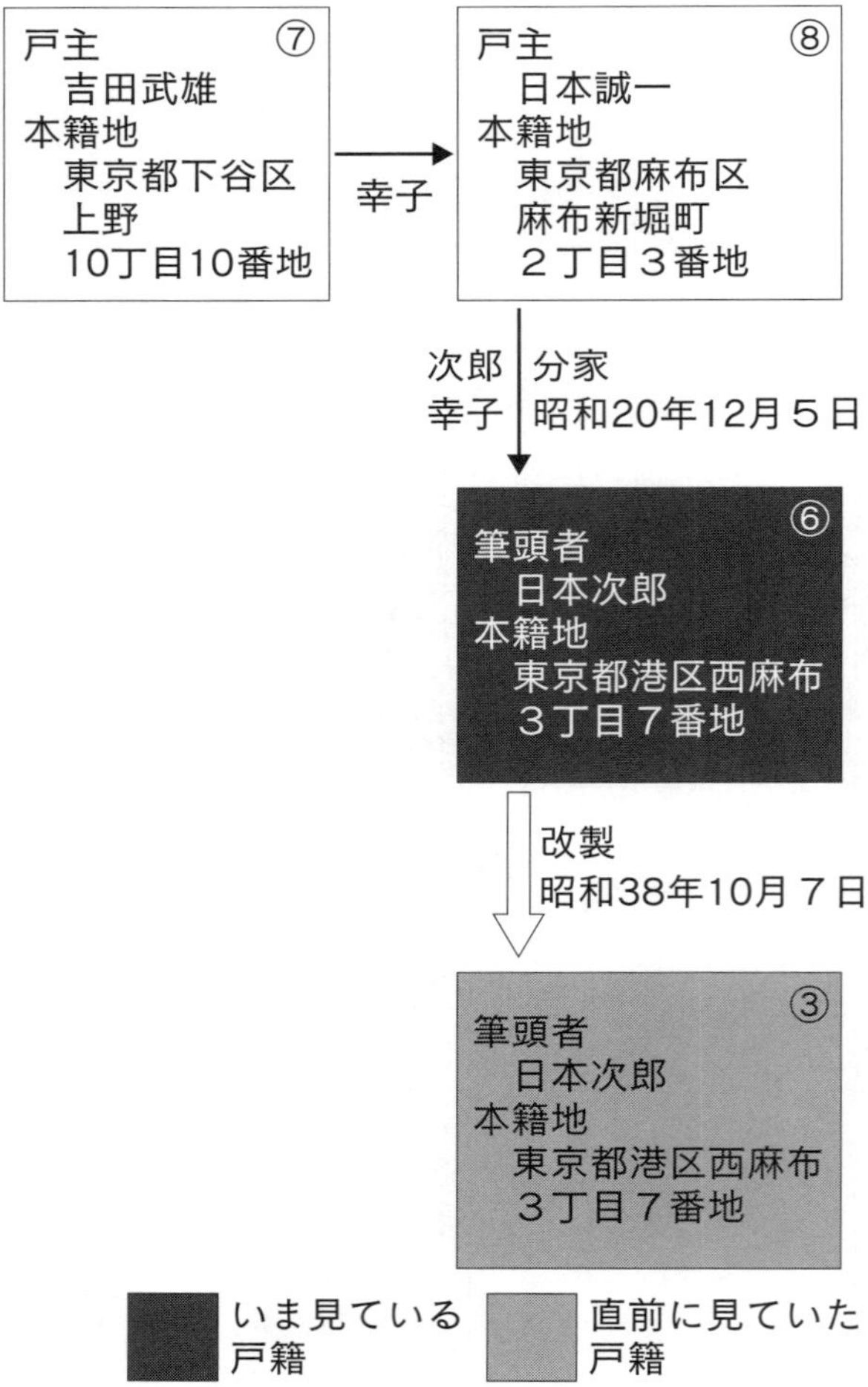

⑧誠一の戸籍

戸籍事項欄より、次郎はその兄・誠一の戸籍から分家したことが判ります。⑧の戸籍は戸主が傍系ですが、直系の次郎が属しているので、取得できます。保存期限も問題ありません。

⑧の戸籍

改製原戸籍

本籍

東京都麻布区麻布新堀町弐丁目参番地

港区南麻布

麻布区麻布新堀町弐丁目参番地で出生父日本裕一郎届出明治四拾五年六月拾弐日受附入籍㊞

昭和八年拾弐月五日前戸主死亡ニ因リ家督相続日本誠一届出同月拾五日受附㊞

山田アキト婚姻届出昭和七年拾弐月弐拾壱日受附㊞

昭和弐拾弐年参月壱拾五日行政区画変更ニツキ港区南麻布ト更正ス㊞

昭和参拾弐年法務省令第二十七号により昭和参拾四年拾月壱日本戸籍編製㊞

昭和参拾弐年法務省令第二十七号により昭和参拾八年拾月七日あらたに戸籍を編製したため本戸籍消除㊞

前戸主

亡 日本裕一郎

前戸主トノ続柄

亡日本裕一郎長男

父

亡日本裕一郎

母

スミ

長男

戸主

日本 誠一

出生

明治四拾五年六月拾弐日

千葉県千葉郡千葉町拾五丁目弐拾五番地戸主松田
友太参女明治四拾年参月参日日本裕一郎ト婚姻届出
同日入籍㊞
昭和八年拾弐月参日夫裕一郎死亡ニ因リ婚姻解消
㊞
改製により新戸籍編製につき昭和参拾四年拾月壱
日除籍㊞

母

父　亡松田友太
母　クニ
女参
出生　明治弐拾六年五月五日
スミ

麻布区麻布新堀町弐丁目参番地で出生父日本裕一
郎届出大正拾弐年五月参日受附入籍㊞
吉田幸子と婚姻届出昭和拾九年拾弐月七日受附㊞
麻布区麻布新堀町弐丁目参番地戸主日本誠一弟分
家届出昭和弐拾年拾弐月五日受附㊞

弟

父　亡日本裕一郎
母　スミ
男弐
出生　大正拾弐年五月参日
次郎

昭和七年拾弐月弐拾壱日神奈川県久良岐郡金沢村
拾八番地戸主山田音吉長女入籍ス㊞

昭和拾九年拾弐月七日日本次郎と婚姻届出東京都
下谷区上野拾丁目拾番地吉田武雄戸籍より入籍㊞
昭和弐拾年拾弐月五日夫次郎分家ニ付共に除籍㊞

妻	
父	亡山田音吉
母	亡フジ
	長女
出生	明治四拾四年弐月弐拾日
	アキ

婦	
父	吉田武雄
母	幸恵
	弐女
家族トノ続柄	弟次郎妻
	幸子
出生	大正拾四年五月拾日

戸籍の関係は、次のようになっています。

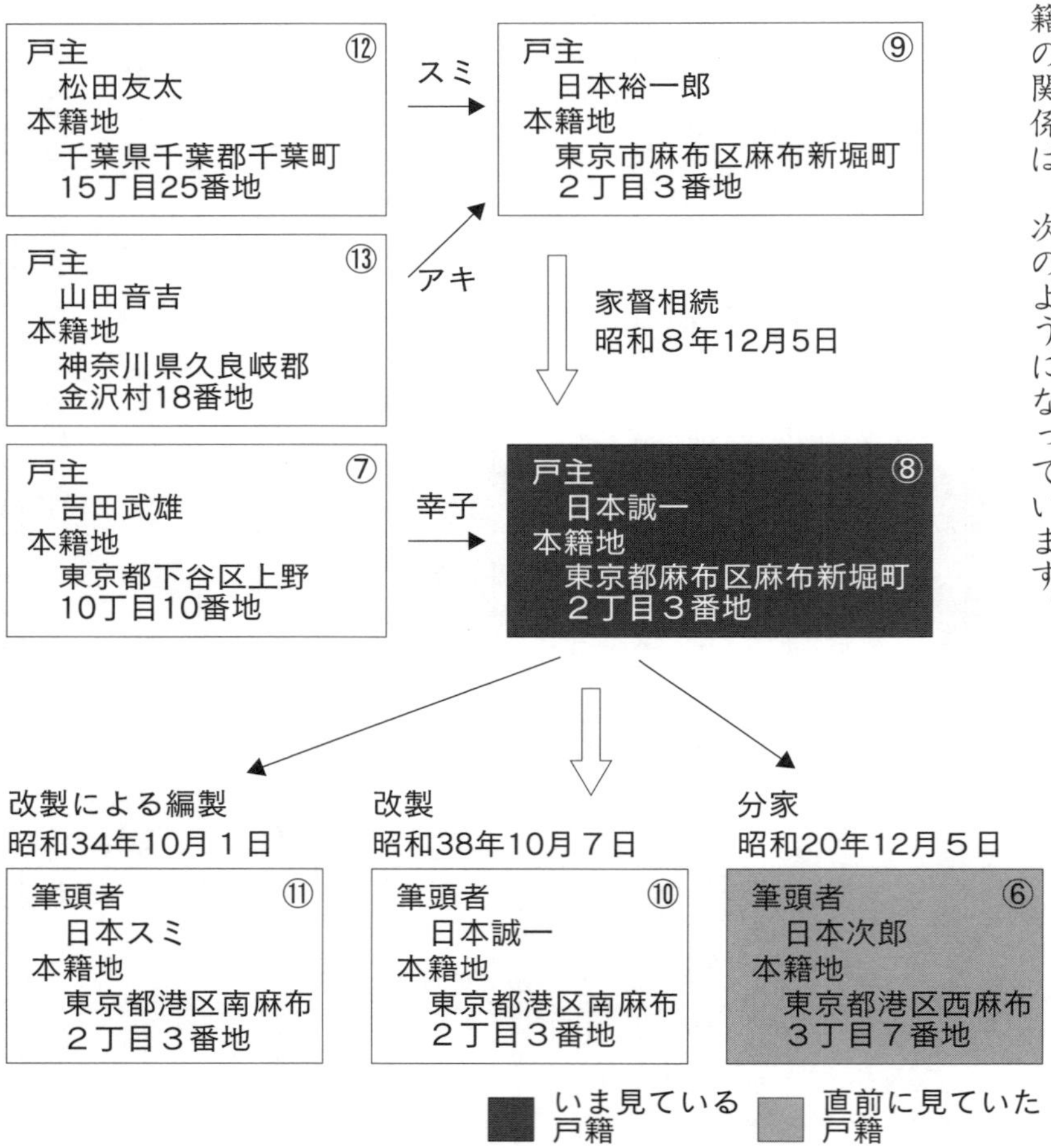
戸主 ⑫
松田友太
本籍地
千葉県千葉郡千葉町
15丁目25番地
スミ
戸主 ⑬
山田音吉
本籍地
神奈川県久良岐郡
金沢村18番地
アキ
戸主 ⑨
日本裕一郎
本籍地
東京市麻布区麻布新堀町
２丁目３番地
家督相続
昭和８年12月5日
戸主 ⑦
吉田武雄
本籍地
東京都下谷区上野
10丁目10番地
幸子
戸主 ⑧
日本誠一
本籍地
東京都麻布区麻布新堀町
２丁目３番地
改製による編製
昭和34年10月１日
筆頭者 ⑪
日本スミ
本籍地
東京都港区南麻布
２丁目３番地
改製
昭和38年10月７日
筆頭者 ⑩
日本誠一
本籍地
東京都港区南麻布
２丁目３番地
分家
昭和20年12月５日
筆頭者 ⑥
日本次郎
本籍地
東京都港区西麻布
３丁目７番地
いま見ている戸籍
直前に見ていた戸籍

⑨裕一郎の戸籍

戸主の事項欄から、⑧の戸籍が⑨の裕一郎の戸籍から家督相続でできたことが判ります。直系尊属のものですし、誠一が家督を相続した（⑨の戸籍が全戸除籍となった）昭和８年から77年で、法定の保存期間内ですから、取得可能です。

⑩誠一の戸籍

改製原戸籍の表示および戸主事項欄最後の記載より、⑧の戸籍が改製されて⑩の戸籍ができたことが判ります。この戸籍には次郎は属していないので、⑩は直系尊属の入った戸籍ではありませんから、取得することはできません。

⑪スミの戸籍

スミの事項欄から、スミが「昭和の改製」の一次改製で新規に編製された戸籍に移動したことがわかります。今回の調査の対象ではありませんが、直系尊属の戸籍であり、保存期間も問題ありませんので、取得することは可能です。

⑫松田友太の戸籍

同じくスミの事項欄から、スミが⑫の松田友太の戸籍から入籍してきたことが判ります。この戸籍が保存期間を過ぎているかは不明です。裕一郎とスミの婚姻が明治40年（82年前）なので、婚姻直後になんらかの理由で全戸除籍になっていれば、すでに保存期限を過ぎてしまっていることになるためです。今回の調査の対象ではありませんが、法定の保存期間内であれば、直系尊属の戸籍ですから取得することは可能です。

⑬山田音吉の戸籍

誠一の妻・アキの事項欄から、アキが⑬の山田音吉の戸籍から婚姻入籍してきたことが判ります。直系尊属の入っている戸籍ではないので、取得することはできません。

⑨の戸籍

除籍

本籍地　東京市麻布区麻布新堀町弐丁目参番地

前戸主　亡父　日本　光太郎

明治四拾年参月参日松田スミト婚姻届出同日入籍 ㊞

昭和八年拾壱月弐拾五日午後九時三拾五分本籍ニ於テ死亡同居者日本誠一届出同月弐拾八日受附 ㊞

昭和八年拾弐月五日日本誠一ノ家督相続届出アリタルニ因リ本戸籍ヲ抹消ス ㊞

安政弐年四月弐日埼玉県北足立郡浦和町拾五丁目弐拾五番地戸主川村勇参女入籍ス ㊞ 明治参拾九年壱月拾弐日夫光太郎死亡 ㊞

大正六年七月拾弐日午後壱時参拾分麻布区麻布新堀町弐丁目拾五番地ニ於イテ死亡戸主日本裕一郎届出麻布区長送付同月拾五日受附 ㊞

戸主

前戸主トノ続柄　亡父 日本光太郎 長男

父　亡 日本光太郎

母　ユミ

長男

日本裕一郎

出生　明治拾参年弐月弐拾日

戸主ト為タル原因及年月日　前戸主日本光太郎死亡ニ因リ明治参拾九年壱月拾壱日家督相続戸主ト為ル届出同日届出同日受附 ㊞

母

家族トノ続柄

父　亡 川村勇

母　マイ

参女

ユミ

出生　天保六年拾月参日

麻布区飯倉町参丁目壱番地佐々木正夫ト婚姻届出
大正四年九月弐拾五日受附㊞同年拾月拾弐日入籍
通知ニ因リ除籍㊞

妹

父　亡　日本光太郎
母　ユミ
長女
家族ト続柄　亡父　光太郎　長女
出生　明治弐拾五年四月八日
ノブ

千葉県千葉郡千葉町拾五丁目弐拾五番地戸主松田
友太参女明治四拾年参月参日日本裕一郎ト婚姻届
出同日入籍㊞
昭和八年拾壱月弐拾日夫裕一郎死亡ニ因リ婚姻
解消㊞

妻

父　亡　松田友太
母　亡　クニ
参女
家族ト続柄
出生　明治拾六年五月五日
スミ

麻布区麻布新堀町弐丁目参番地ニ於テ出生父日本
裕一郎届出明治四拾五年六月拾弐日受附入籍㊞

長男

父　日本裕一郎
母　スミ
長男
家族ト続柄
出生　明治四拾五年六月拾弐日
誠一

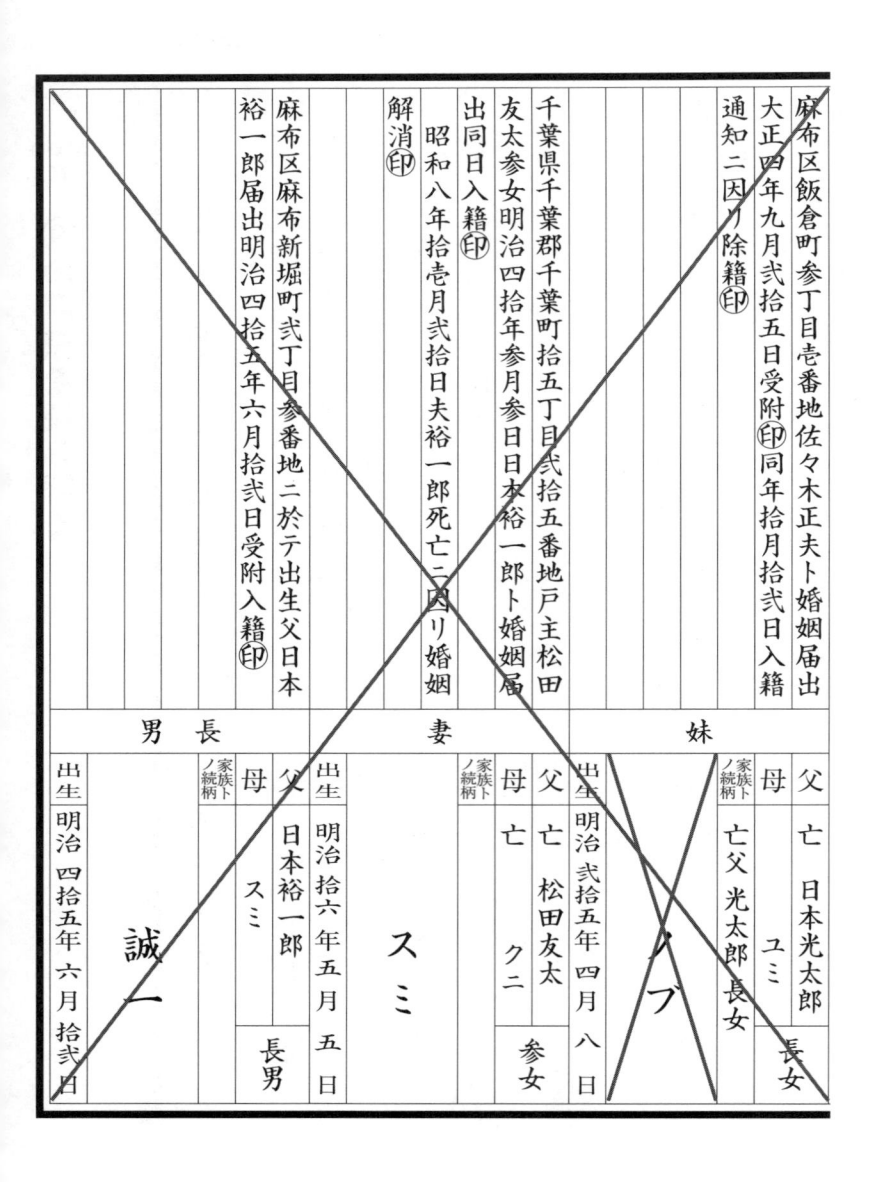

麻布区麻布新堀町弐丁目参番地ニ於テ出生母日本
スミ届出大正八年八月拾日受附入籍㊞
大正八年九月拾壱日本籍ニ於テ死亡戸主日本裕
一郎届出同月拾五日受附㊞

麻布区麻布新堀町弐丁目参番地ニ於テ出生母日本
スミ届出大正拾弐年五月八日受附入籍㊞

昭和七年拾弐月弐拾壱日神奈川県久良岐郡金沢村
拾八番地戸主山田音吉長女入籍ス㊞

	長女	弐男	婦
父	日本裕一郎	日本裕一郎	亡 山田音吉
母	スミ	スミ	亡 フジ
(父母トノ続柄)	長女	弐男	長女
家族トノ続柄			長男誠一妻
名	シズ	次郎	アキ
出生	大正八年八月壱日	大正拾弐年五月参日	明治四拾四年弐月弐拾日

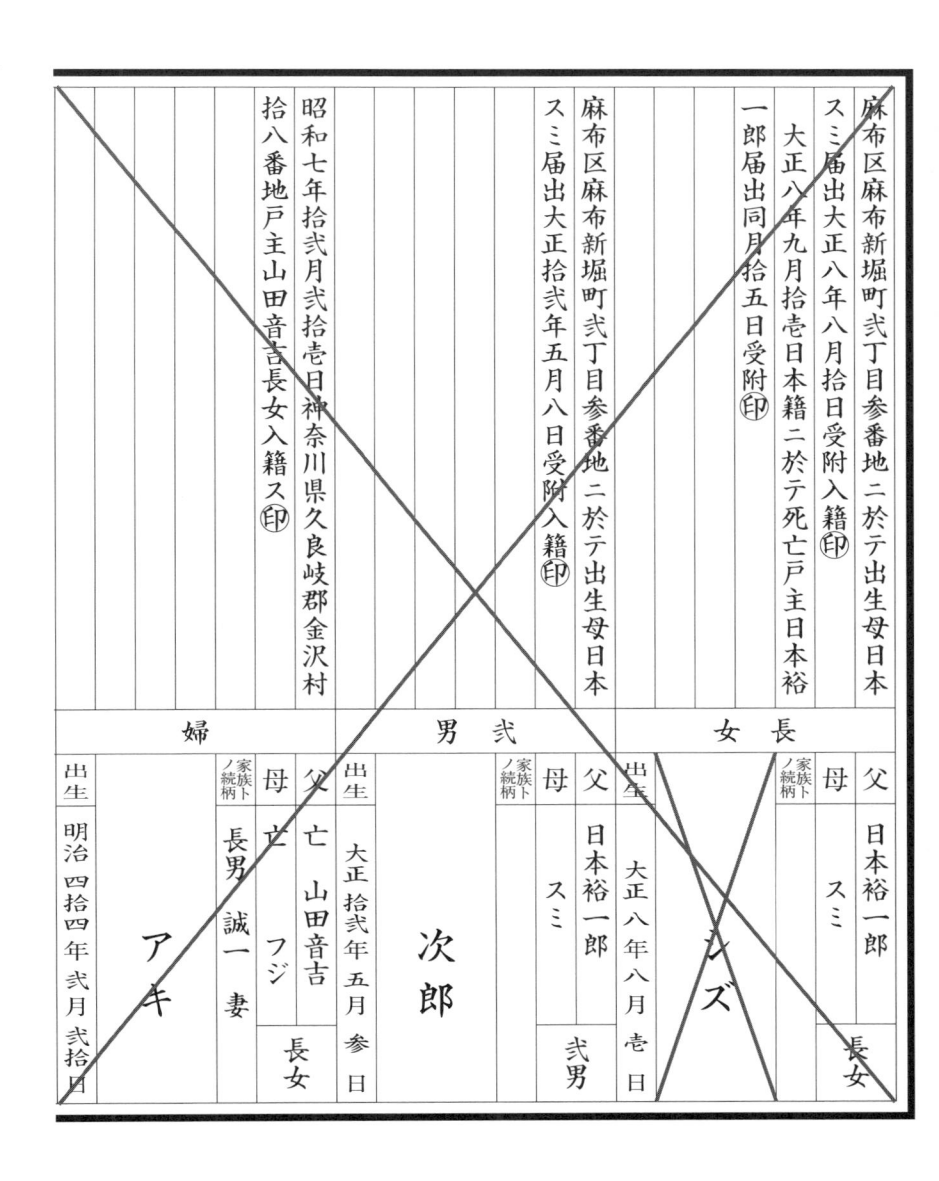

戸籍の関係は、次のようになっています。新たに⑭と⑮の戸籍が見つかりました。

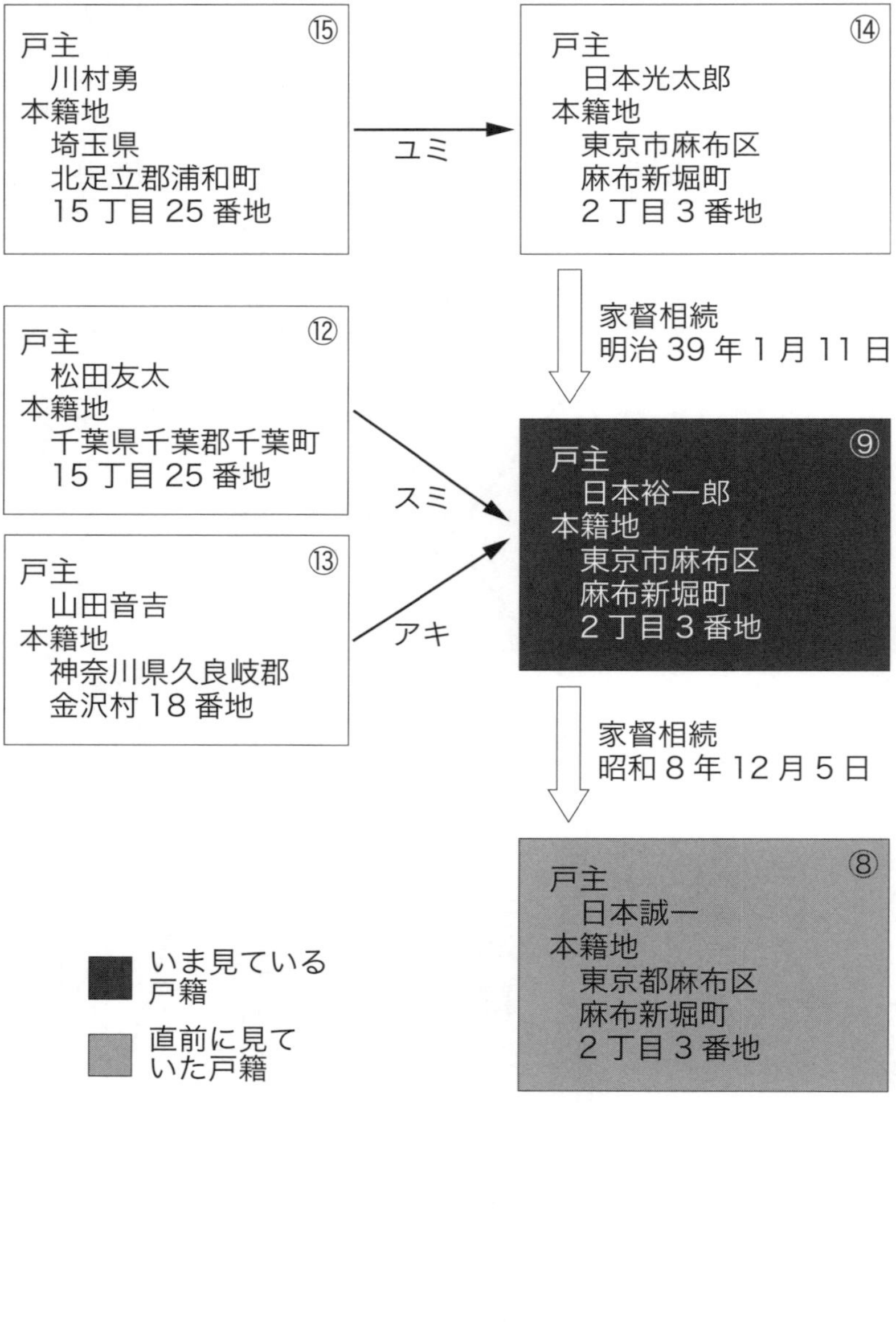

⑭光太郎の戸籍

「戸主ト為タル原因及年月日」の欄に家督相続の年月日の記載があり、また、戸主の事項欄に転籍の記載もないことから、⑨の戸籍は⑭の戸籍から家督相続によってできたことが判ります。ただし、裕一郎の家督相続（明治39年）から１０３年が経っていますから、保存期間の面からは残っていない可能性が高いといえます。残っていれば、直系尊属の戸籍ですから、取得可能です。

⑮川村勇の戸籍

裕一郎の母・ユミの事項欄から、ユミが⑮の戸籍から婚姻入籍してきたことが判ります。直系の戸籍ですが、これも保存期限は過ぎていそうです。また、今回の調査の対象ではありません。

step 7

⑭の戸籍を読み解く

除籍

明治弐拾四年七月七日芝区汐留町壱丁目拾弐番地ヨリ転籍ス㊞

東京市麻布区麻布新堀町弐丁目参番地

嘉永六年参月拾八日埼玉県榛沢郡手計村五丁目拾八番地亡父山本茂兵衛弐男立跡相続㊞明治参拾九年壱月八日正午拾弐時死亡同月拾弐日届出同日受附㊞明治参拾九年壱月拾弐日日本裕一郎家督相続届出同日受附㊞

安政弐年四月弐日埼玉県北足立郡浦和町拾五丁目弐拾五番地川村勇参女入籍ス㊞

明治弐拾九年五月壱日神奈川県足柄下郡箱根町百八番地金子修養子ニ送籍ス㊞

前戸主　亡養父　日本嘉太郎

戸主

亡父　嘉太郎　養子

日本光太郎

文政拾弐年拾弐月五日生

妻

ユミ

天保六年拾月参日生

長男

裕一郎

明治拾参年弐月弐拾日生

弐男

裕二

明治弐拾壱年参月五日生

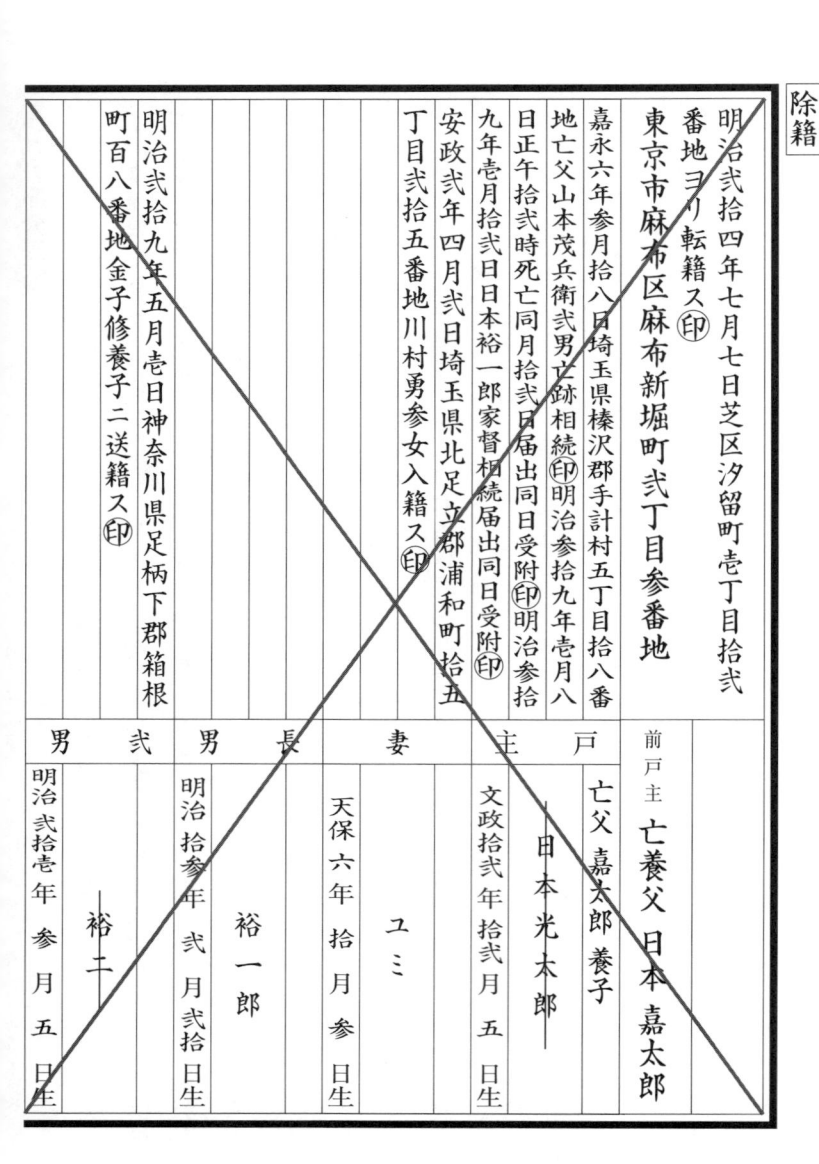

大正四年九月弐拾五日麻布区飯倉町参丁目壱
番地佐々木正夫ト婚姻届出㊞同年拾月拾弐日
入籍通知ニヨリ除籍㊞

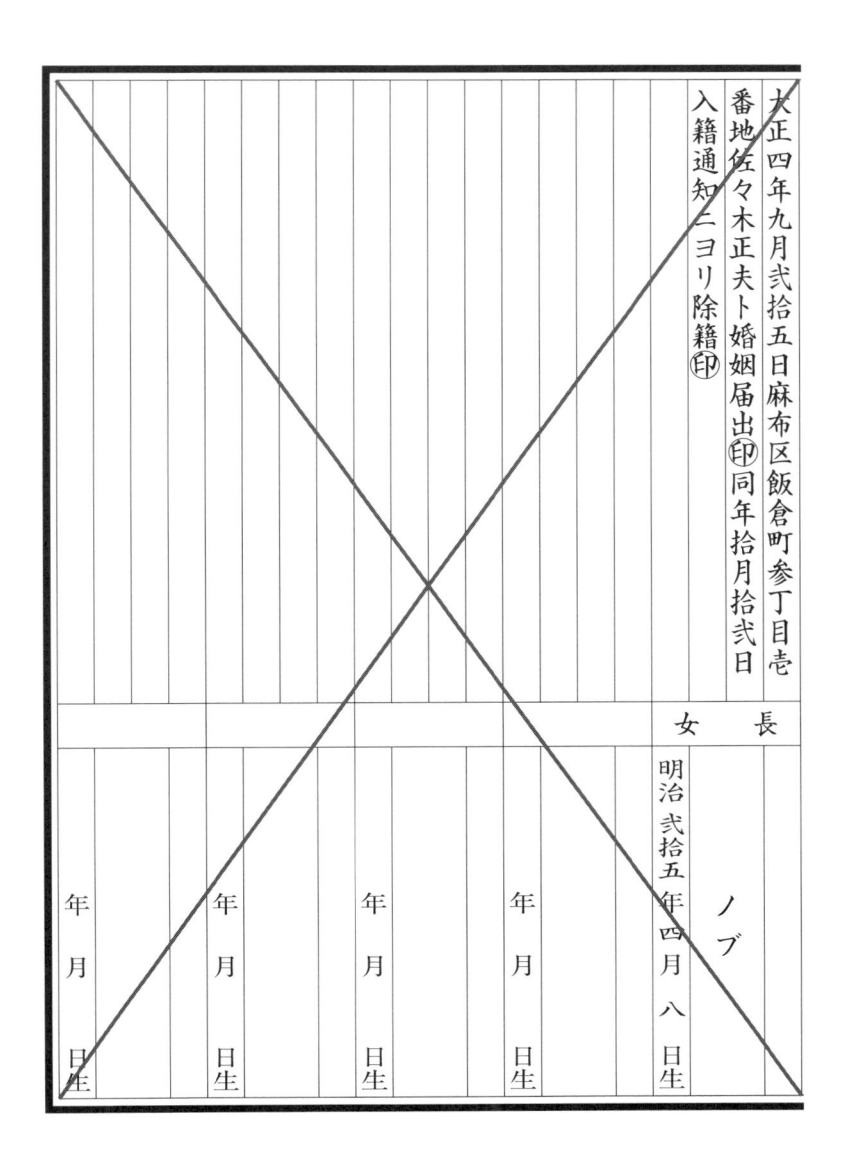

長女

ノブ

明治弐拾五年四月八日生

年　月　日生

年　月　日生

年　月　日生

年　月　日生

戸籍の関係は、次のようになっています。新たに⑯、⑰、⑱、⑲の戸籍が見つかりました。

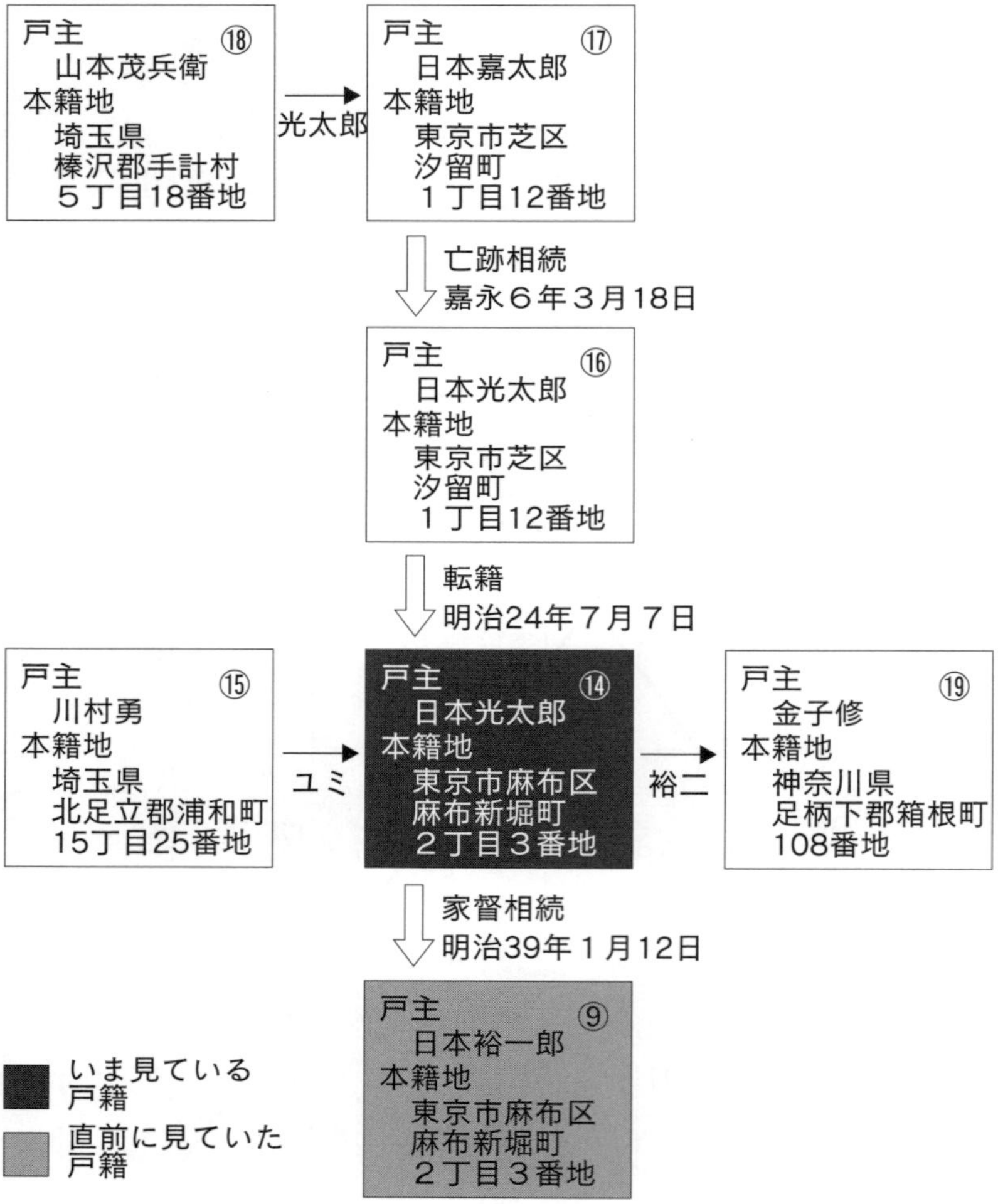

⑯日本光太郎の戸籍

戸主事項欄に「亡跡相続」（前戸主が亡くなった時に相続人がない場合、裁判所の許可を得て行う相続のこと）の記載があるので、その相続元の戸籍が直前のものとみえますが、相続後の本籍は東京市芝区汐留町1丁目12番地であり、そこからの転籍で編製されたのが⑭の戸籍だということが、本籍地欄の記載より判ります。明治31年式書式が施行される前には、事項欄ではなく本籍地欄に転籍の記載がされていたので、注意して見る必要があります。

⑰日本嘉太郎の戸籍

戸主事項欄に亡跡相続の記載があることから判る戸籍です。

⑱山本茂兵衛の戸籍

戸主事項欄の記載から、亡跡相続で跡を継いだのは山本茂兵衛の弐男と判るので、この戸籍があることになります。

⑲金子修の戸籍

裕二の事項欄から、この戸籍があることが判ります。

⑲以外は直系の戸籍ですが、明治5年式書式によるものであったり、さらにそれ以前の宗門人別帳への記載になりますので、現在の戸籍の管理のしくみの中で取得することはできません。

step 8

情報を家系図にまとめる

ここまでで判った情報を、家系図のかたちにまとめてみます。

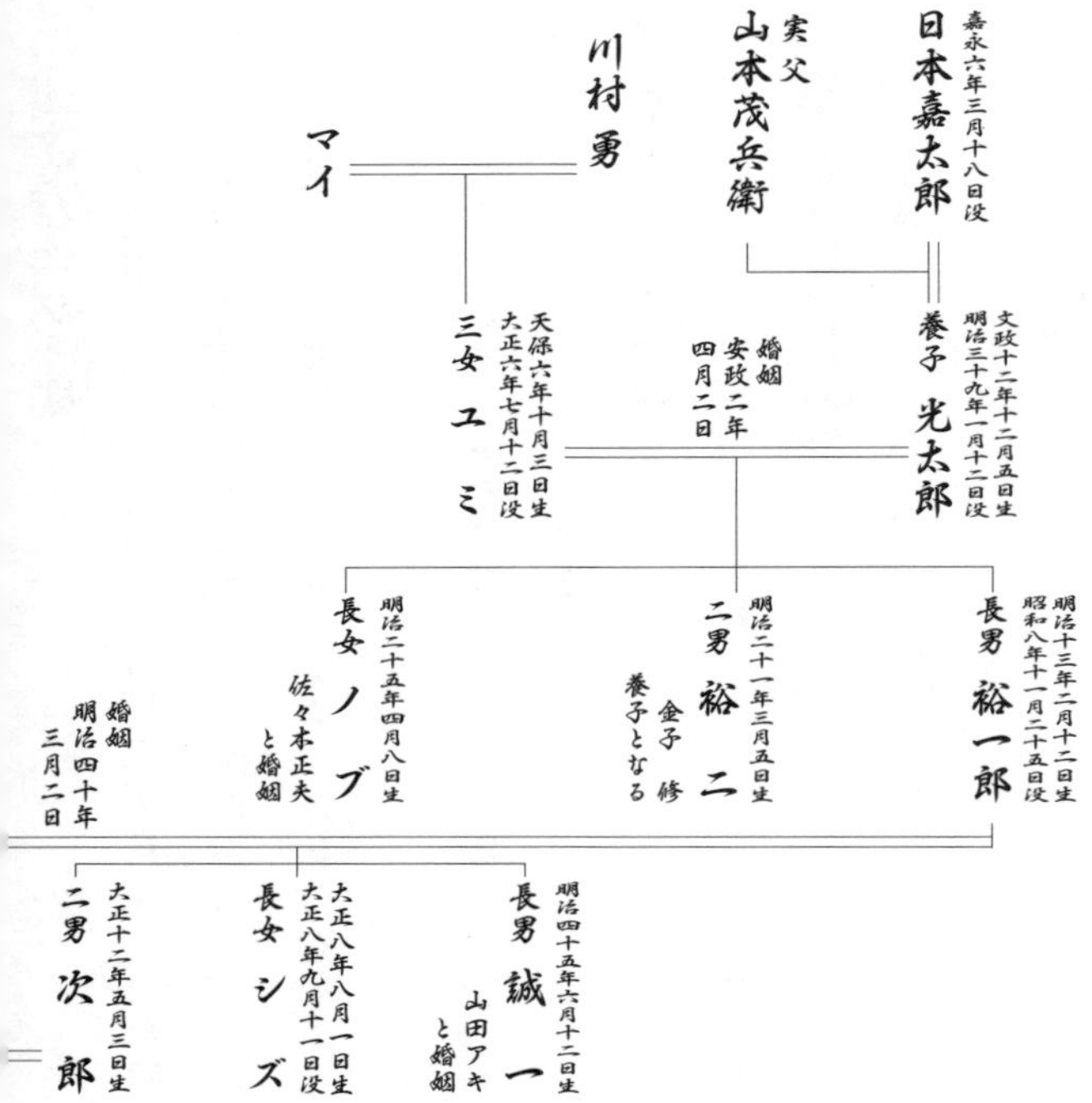

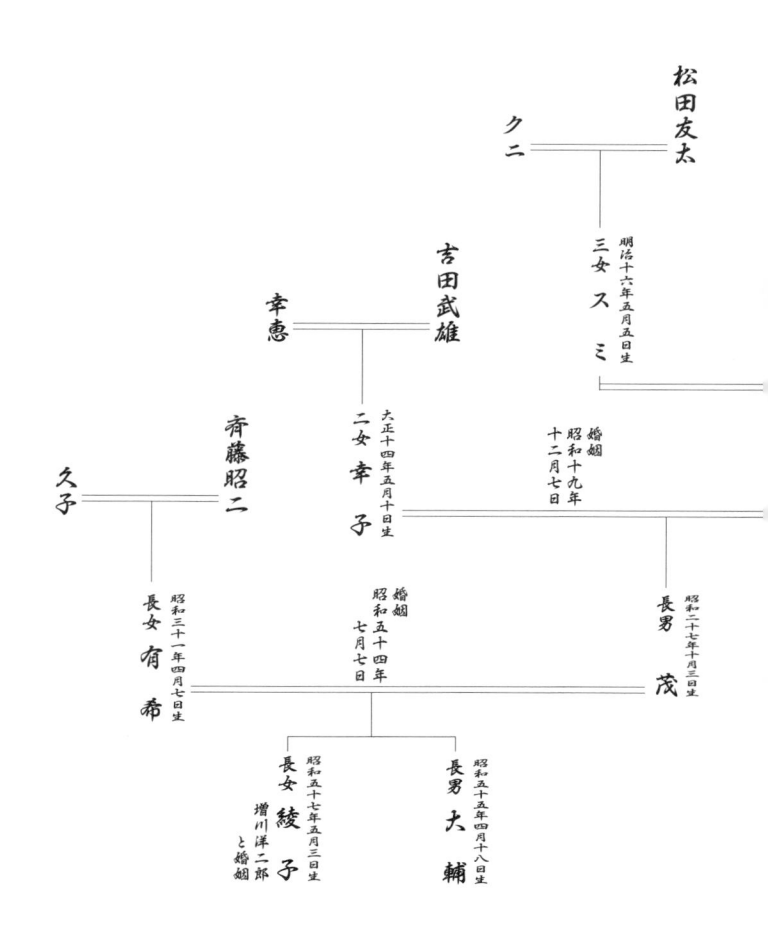

松田友太

クニ

明治十六年五月五日生
三女 スミ

吉田武雄

幸恵

大正十四年五月十日生
二女 幸子

婚姻
昭和十九年
十二月七日

斉藤昭二

久子

昭和二十七年十月三日生
長男 茂

婚姻
昭和五十四年
七月七日

昭和三十一年四月七日生
長女 有希

昭和五十五年四月十八日生
長男 大輔

昭和五十七年五月三日生
長女 綾子
増川洋二郎
と婚姻

この家系図では、生没年月日、婚姻年月日などの情報まで掲載しています。直系以外の方の婚姻や養子縁組については名前の横に添書きで記載し、図が複雑になりすぎないようにしました。そのため、誠一の妻・山田アキの両親の名前は、判っていますが記載していません。

今回の調査では父方をたどっただけですが、これで28人の名前が出ています。昔は子だくさんでしたので、これよりも多くなることも多いでしょう。

もちろん、より簡易な表示内容としてもよいでしょう。名前と続柄のみの記載にすれば、ずいぶんコンパクトにまとめることができます。

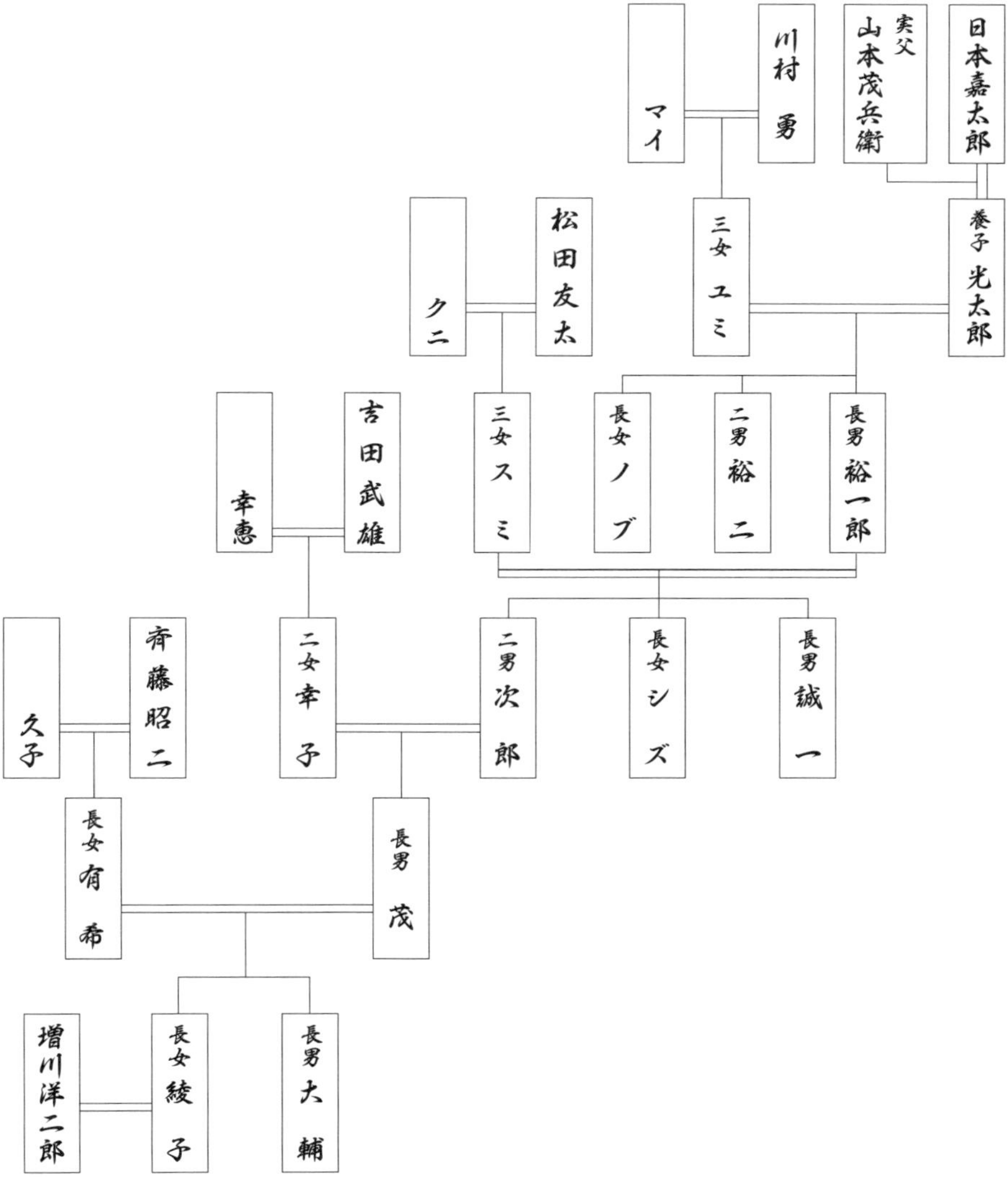
日本嘉太郎
実父
山本茂兵衛
川村 勇
マイ
養子 光太郎
三女 ユミ
松田友太
クニ
長男 裕一郎
二男 裕二
長女 ノブ
三女 スミ
吉田武雄
幸恵
長男 誠一
長女 シズ
二男 次郎
二女 幸子
斉藤昭二
久子
長男 茂
長女 有希
長男 大輔
長女 綾子
増川洋二郎

step 9 取得可能な戸籍をすべてたどる

取得可能な直系の戸籍はまだありますので、それらをすべてたどってみるのもよいでしょう。

取得可能な戸籍はどれか、戸籍の関係をまとめてみました。■は取得したもの、▒は取得できる可能性があるものです。母方をたどるなら、まずは④を取得するというわけです。

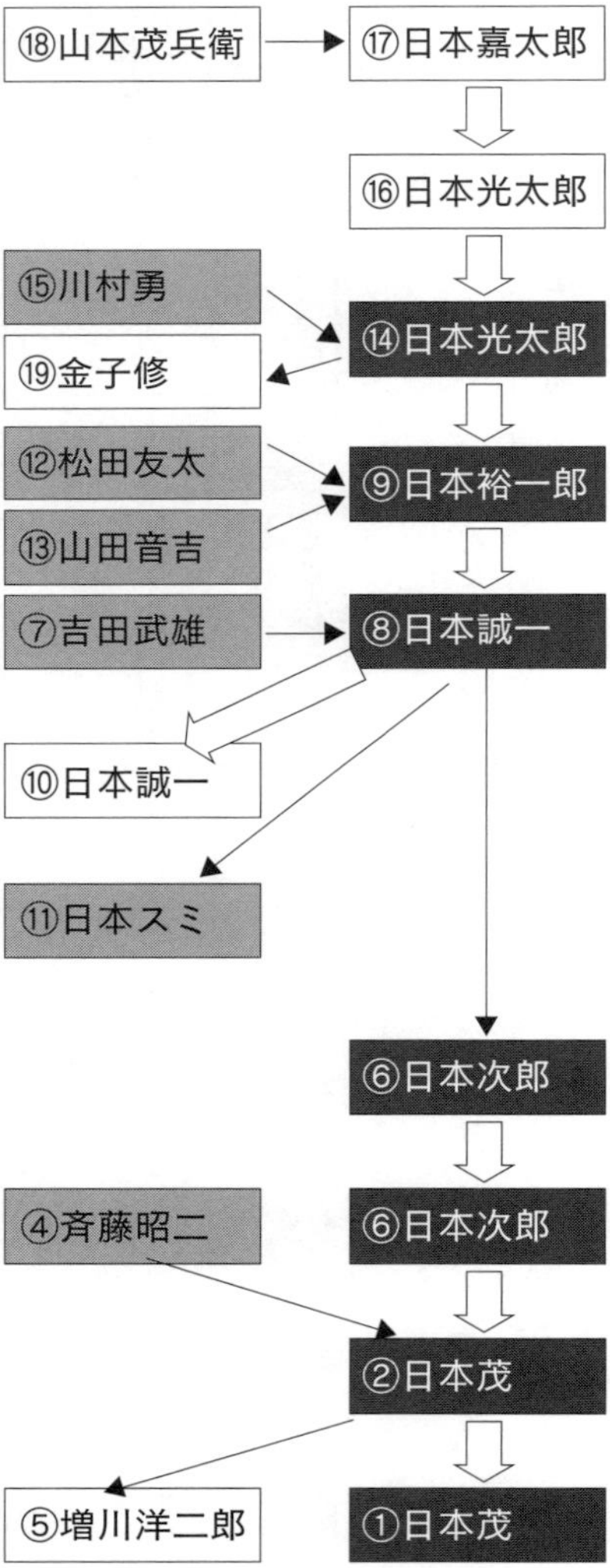

戸籍を取り落とさないための注意点は、２点あります。

まず、これまでみてきたように、つながりのある戸籍は必ずお互いを指し示し合っています。ですから、つながりのあるところがお互いを指しているか、確認する必要があります。

さらに、戸籍をたどるのは、単純に過去にさかのぼる一本の線だけではないという点にも注意が必要です。⑪の日本スミの戸籍のように、さかのぼった点から、また現在に向けて分岐している戸籍もあります。また、離婚や養子離縁がある場合、一度分岐して戻ってくることもあります。このような場合の婚姻先あるいは養子縁組先の戸籍も、直系尊属が所属している戸籍であれば手に入れることができます。

8 文字や地名の解読

明治期に撮影（提供：大竹勝治郎）

第８章　文字や地名の解読

戸籍の取得のしかた、記載内容の読み取り方を知っても、まだ、障害になるものがあります。

古い戸籍は、読むことのできない文字も多く、ほとんど暗号のようなものです。昭和23年式の戸籍では読み取りが困難ということは少ないのですが、大正４年式以前の戸籍では、くずされた文字がかなり多くなります。最近は本来Ｂ４サイズである除籍謄本や改製原戸籍謄本をＡ４サイズに縮小して発行する市町村が増えているので、読み取りには一段と苦労するようになっています。

また、読み取ることができたとしても、地名が現在と異なっていることも多く、どこの役所に戸籍を請求したらよいのかが判らない、ということも起きます。

ここでは、これらの問題への対応方法について、順に紹介していくことにしましょう。

1. 数字の読み取り方

数字の記載については、戸籍法施行規則31条に、「年月日を記載するには、壱、弐、参、拾の文字を用いなければならない」と定められています。

したがって、ほとんどの場合、年月日、時刻については、「壱（壹）」、「弐（貳）」、「参（参）」、「拾」が使用されています。例外的に、「一」、「二」、「三」、「十」、「廿（にじゅう）」、「卅（さんじゅう）」、「元年」が使われていることもあります。

戸籍は、あらかじめ定められたパターンに則った記載がされますので、年月日や時刻が記載されていると思われる場所を見つけることができれば、解読しやすくなります。ひとつの記載事項につき、必ず1個は年月日が含まれます。2個以上含まれる場合、2個め以後は、「同年Ｘ月Ｘ日」（月が違うとき）か「同月Ｘ日」（月が同じとき）です。なお、「仝」が使われることがありますが、これは「同」の旧字です。

年月日や時刻が書いてある場所が特定できれば、いくつかの推論を組み合わせて、かなりの確率で正しく内容を読み取ることができるでしょう。

＊「年」の数字
年号により、年の数字の最大値は決まっているので、年が３文字の場合の最初の文字の選択肢は多くありません。明治なら「弐」か「参」か「四」です。３文字の場合の２文字めは、年号が何だろうと、どんなに読めない字だろうと、「拾」です。２文字の場合は、１文字めか２文字めのどちらかが「拾」です。

＊「月」の数字
２文字の場合の１文字めは「拾」です。

＊「日」の数字
３文字の場合の１文字めは「弐」か「参」です。当然、月によっても制限されます。３文字の場合の２文字めは、「拾」です。２文字の場合は、１文字めか２文字めのどちらかが「拾」です。

何と書かれているのか、ほかの事項との前後関係から判る場合もありますし、ほかの戸籍に同じ事項が読みやすい文字で書かれていることもあります。

一方、運用の基準（先例）として、番地の記載には「壱」、「弐」、「参」、「拾」の文字を用いる必要はないこととされています。もっとも、ほとんどの記載は「壱」、「弐（貳）」、「参」、「拾」でなされています。続柄も同様です。

2. 戸籍で使われる単語

戸籍の記載事項は法令中の凡例にしたがってなされますので、使われる単語は決まったものです。

戸籍でよく使われる単語をまとめてみました。読めない部分があったら、これらの単語ではないか、考えてみましょう。

受附、届出、発送、送付、消除、申請、再製、改製、編製

出生、死亡、婚姻、離婚、養子、縁組、離縁、相続（相續）、家督、隠居

分家、廃（廢）家、絶家、復籍、拒絶、再興、分籍、失踪、協議、裁判

廃（廢）戸主、廃（廢）嫡、入籍、離籍、就籍、除籍、廃（廢）除、復姓

親権、認知、嫡出子、私生児、否認、無効、取消、転（轉）住、転（轉）籍、後見

※（　）内は旧字

3. 変体仮名

女性の名前に、漢字をくずしたような文字が使われていることがあります。

現在ではひらがなは1文字1字体ですが、昔は漢字をくずして作られた異体字が多数ありました。これを「変体仮名」といいます。変体仮名は、昭和23年の戸籍法施行により戸籍上の人名に用いることはできなくなりましたが、それ以前は、人名にも広く用いられていました。

変体仮名の字体は、基本となるものはあるものの、明確に定められたものはありません。その一部を掲載しましたが、さらに詳しく知りたい方は、「三体字典」という本を探すとよいでしょう。これはひとつの字につき楷書・行書・草書の三体の手本を収録したものですが、一般に、変体仮名の範書も収められています。

なお、ほかの戸籍に同じ事項が読みやすい文字で書かれているかもしれないのは、数字と同じです。

が	か 加	お 於	え 衣	う 宇	い 以	あ 安	ひらがなと字源
可	加	於	衣	宇	以	安	変体仮名と字源
	可	於	江	有	伊	阿	
	閑		盈	雲	意	愛	

こ 己	げ	け 計	ぐ	く 久	ぎ	き 幾	ひらがなと字源
子	希	計	久	久	幾	幾	変体仮名と字源
許		介	九	九	起	支	
古		希		具		喜	

ず	す 寸	じ	し 之	ざ	さ 左	ご	ひらがなと字源
春	春	志	之	左	左	古	変体仮名と字源
	寿		志	佐	佐		
			新	散	沙		

ぢ	ち 知	だ	た 太	ぞ	そ 曽	ぜ	せ 世
知	知	多	多	楚	曽	世	世
	千		多		所	勢	世
	遅		堂		楚		勢

に 仁	な 奈	ど	と 止	で	て 天	づ	つ 川
仁	奈	土	土	天	天	川	川
尓	那	東	東		亭	徒	徒
耳	難		登		転	都	都

ふ 不	び	ひ 比	ば	は 波	の 乃	ね 祢	ぬ 奴
不	悲	比	者	波	乃	祢	努
布	飛	悲		者	能	年	怒
婦		飛		盤	農	根	

む 武	み 美	ま 末	ぼ	ほ 保	べ	へ 部	ぶ
無	美	末	保	保	辺	辺	婦
舞	見	万		本	遍	遍	
	三	満		穂		幣	

る 留	り 利	ら 良	よ 与	ゆ 由	や 也	も 毛	め 女
留	利	良	与	由	也	毛	免
流	里	羅	余	遊	屋	茂	面
類	梨		代	遊	夜	裳	

	ん 无	を 遠	ゑ 恵	ゐ 為	わ 和	ろ 呂	れ 礼
	无	遠	恵	為	和	呂	礼
	无	越	衛	井	王	路	連
		乎		遣	倭	露	麗

4. 地名の探し方

日本の市町村は、明治以来、何度も変更されています。

明治元年	東京府、京都府、大阪府設置
明治４年	廃藩置県
明治11年	郡区町村編制法施行
明治22年	市制、町村制施行。７万の町村を１万５千まで減少。東京府下にも市を設置。
昭和18年	東京都発足、東京府と東京市は廃止。
昭和22年	地方自治法施行。
昭和28年	昭和の大合併を開始。昭和36年までで1万近い町村が１／３まで減少。

現在は、「平成の大合併」と称される市町村合併が進行中です。

　このような流れの中で、昔あった多くの地名がなくなっており、取得しようとする戸籍は現在のどこの役所に請求すればよいのか判らないということも起こります。

判らない地名が出てきたら

　都道府県名が記載されていない本籍地は、基本的には現在と同じ都道府県です。とはいっても、県境が変わっていることもありますし、市町村中の行政区画の一部分が別の行政区画内に飛び離れて存在する「飛び地」といわれる場所もあります。そういうところでは、単純に原則どおりの解釈では正しくないかもしれませんので、注意が必要です。

　判らない地名は、地名事典で探すことができるかもしれません。図書館で大規模な地名事典を調べてみれば、昔の小さい村でも探すことができるかもしれません。

　また、地名の一部しか読めない場合でも、インターネットを使って県名とあわせて検索すると判る場合があります。

地名の情報を得る情報源

地名関連で、いくつか情報源をあげてみますので、参考にしてみてください。

▼「都道府県市区町村」http://uub.jp/

インターネットのサイトで、市町村制施行以来の変更情報を集積しています。ただし、あくまでも変更情報の集積であり、昔の地名を入れればその後の変遷が一覧できるというものではありませんので、丹念に追いかける必要があります。

▼「ジャパンナレッジ」https://japanknowledge.com/

有料のインターネットのサイトです。この中の「日本歴史地名体系」に昔の地名が多く入っています。明治19年式戸籍の頃の地図も見ることができます。

▼「角川日本地名大辞典」（角川書店）　都道府県ごとに出版されています。

▼「日本歴史地名体系」（平凡社）　都道府県ごとに出版されています。

5. それでも読めないとき・判らないとき

区役所の戸籍関係の職員は、なんといっても戸籍のプロです。どうしても読めない、判らない場合、聞いてみれば教えてもらうことができるかもしれません。

もちろん、教えるのは本業ではないところ、時間を割いてもらったのですから、お礼を言うのを忘れないようにしましょう。

まめ知識　図書館・インターネットの利用

家系について調べていくと、氏の謂れや家紋なども調べたくなる方もいるでしょう。そういう時に役立つのが図書館とインターネットです。それぞれの利用のポイントをまとめておきましょう。

①　図書館の利用

図書館の場合、情報があらかじめ分類にしたがって並べられているという利点があります。関連する日本十進分類（ＮＤＣ）の分類名と番号は、次のようになっています。

キーワード	分類名	番号
地名	地理・地誌・紀行	２９１
系図・姓・氏・家紋	系譜・家史・皇室	２８８
民法・戸籍法	民法	３２４

現在はインターネットで図書館の蔵書を検索できるようになっています。事前に検索してから図書館に行けば、調べる効率は上がるでしょう。

図書館そのものは、都道府県や市区町村の名前と「図書館」をキーにして検索すると、すぐに探すことができます。

②　インターネットでの検索

予想もしていなかった興味深い情報が、インターネットでの検索により得られることがあります。とはいえ、たくさん結果は出てくるものの期待した情報が見つからないということを経験している方も多いことでしょう。うまく検索するためのヒントを紹介しておきましょう。

ボールペンを探すケース

ボールペン　［検索］

↓ 顔料インクが耐久性があるというから、条件に追加しよう

ボールペン　顔料　［検索］

「ボールペン」と「顔料」の２語を含むページが表示されます。

↓ X社の品物は検索結果に出ないようにしよう

ボールペン　顔料 －X社　［検索］

半角のマイナスを「X社」の前につけて入力します。結果には「ボールペン」と「顔料」の２語を含むが、「X社」を含まないページが表示されます。

↓ Y社の品物も検索結果に出ないようにしよう

ボールペン 顔料　－X社　－Y社　［検索］

今度は「X社」も「Y社」も含まないページが表示されます。

さらに、「条件を指定して検索」(yahoo) あるいは「検索オプション」(google) というリンクをクリックすると、細かい条件を指定する画面になります。たとえば最近の情報を確認したい場合、ここで「ページの最終更新日」(yahoo) あるいは「日付」(google) のところを選択すると、最近更新されたページのみを検索するように指定できます。

本を探すような場合には、そのカテゴリーで大量の情報を集積した図書館や書店などがありますので、yahoo や google の検索で直接探すよりは、図書館や書店の検索機能を使うほうが、余分な情報が検索結果に出ない分、早く探すことができるでしょう。

9 家系図のかたち

昭和３年撮影（提供：松本紳義）

第9章　家系図のかたち

ご先祖様の情報を集めたら、次はいよいよ形あるものにする段階です。

家系図のかたちにはさまざまなものがありますが、情報を系図としてまとめるのか、系譜や写真そのほかの記録も一緒にまとめるのかにより、向き不向きがあります。

家系図のかたち		系図	系譜ほか
本格的につくる	掛軸	○	×
	巻物	○	△
	折本	○	○
	和綴本	○	○
簡易につくる	洋装本	○	○
	ファイル	○	○
	額・パネル	○	×

まずは、情報をどうまとめたいのかを考えましょう。それに応じて、どれかひとつの形態を選んだり、あるいはいくつかの形態を組み合わせたりしたらよいでしょう。たとえば、系図を掛軸にして、系譜はファイルにするという組み合わせが考えられます。

これらの形態につくりあげるにあたっては、内容を自作するのか／作成を依頼するのか、自作する場合に手書きにするのか／ソフトウェアでつくってプリンタで印刷するのか、装丁を自分でやるのか／依頼するのか、という選択肢があります。

第9章　家系図のかたち

1. 掛軸

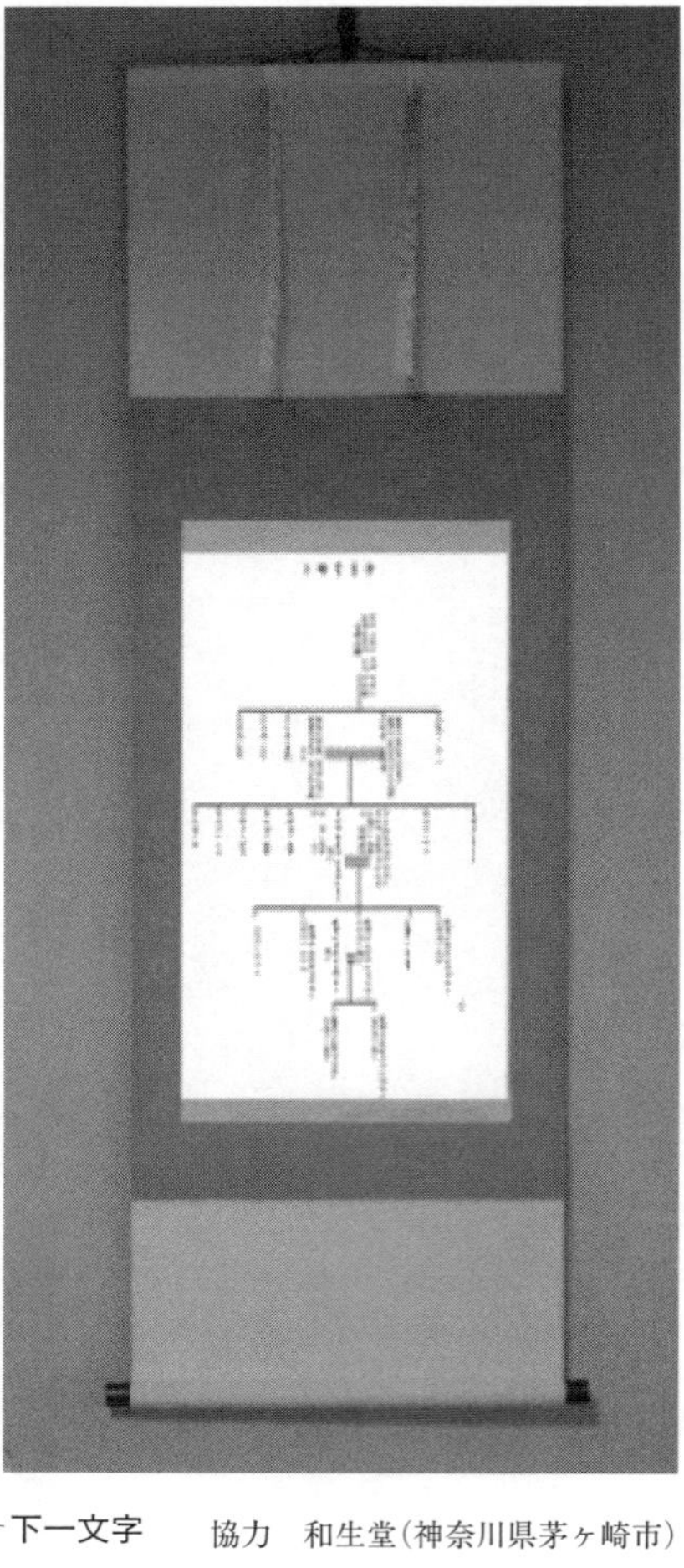

協力　和生堂(神奈川県茅ヶ崎市)

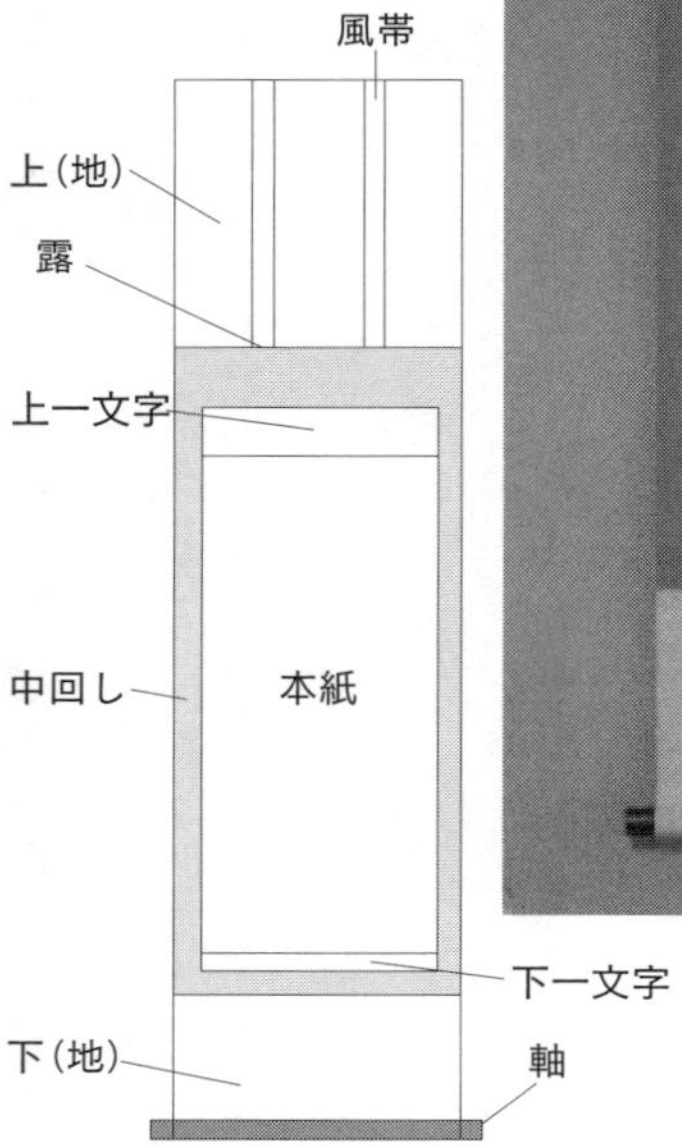

掛軸は床の間などに飾って鑑賞することを前提にしたかたちで、飾る場所の大きさや内装を考慮して表装します。飾る場所を必要とするという点で、敷居の高い方法といえるでしょう。

家系図のかたちは、縦型になります。どうしてもスペースが限られてしまいますので、系譜の内容まで書くのには適しません。

掛軸は、内容を書き上げるのも、表装するのも、専門性の高い技術が必要です。家系図を掛軸のかたちでつくる場合、専門家に依頼するのがよいでしょう。インターネットで専門家を探す場合、「書道家」、「筆耕」、「表具」、「表装」、「経師」などの言葉をキーワードにすればよいでしょう。ただし、書道家がみな家系図を描けるわけでもなく、表具店がみな掛軸や巻物を表装できるわけでもないので、根気強く探す必要があります。

なお、毛筆で専門家に描いてもらうとしても、通常は下書きとする家系図を依頼する側で用意する必要があります。

2. 巻物

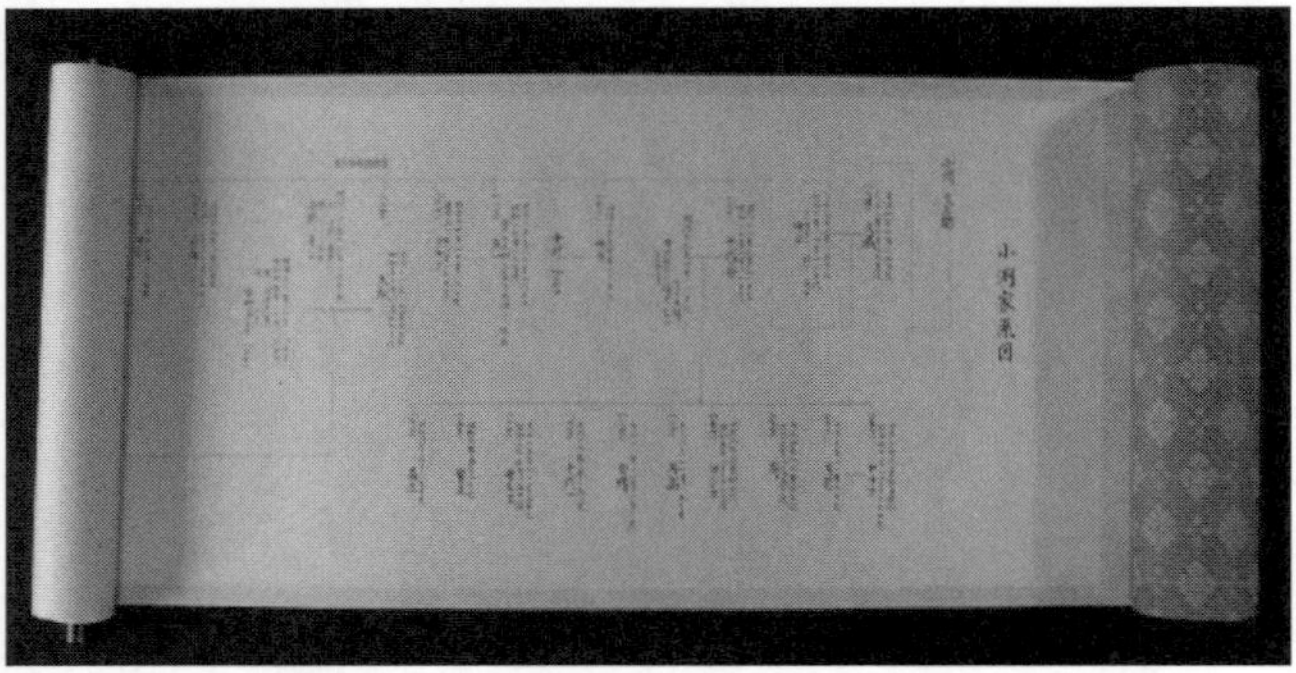

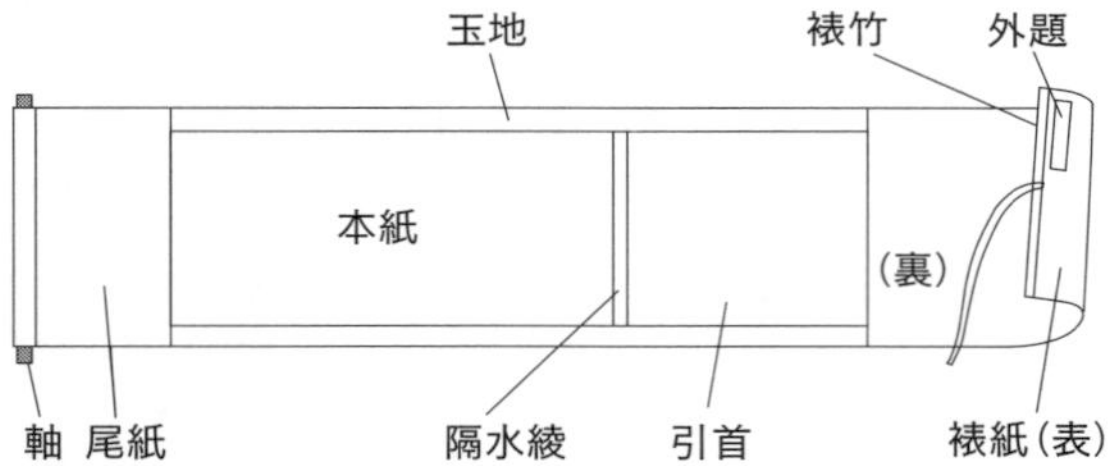

協力　和生堂(神奈川県茅ヶ崎市)

奈良朝時代、平安朝時代は、書籍も巻物のかたちでつくられていました。テレビや映画で、忍者が巻物をくわえてドロンと消えたり、その家の秘伝が書かれた巻物が騒動のもとになったりした場面が記憶にある方もいらっしゃるのではないでしょうか。そんな記憶からか、巻物に対して、「家宝」というような特別なもの、というイメージをお持ちの方も多いと思います。

巻物のかたちでつくる場合、家系図は横型で作成するのが基本です。幅のある巻物にする場合は、数世代を縦に並べ、不足する場合は横に展開するというような書き方も可能です。人数が多いと長大になり取扱いが大変になってしまいますが、スペースがあるので、系譜の内容も書くことができます。

巻物は掛軸と異なり、飾っておくものでなく、普段はしまっておいて必要な時に開いて見るものです。そのため、拡げたり巻いたりする負荷を配慮したつくりになっていないと、すぐに傷んでしまいます。表装は、やはり専門家に依頼するのがよいでしょう。

なお、毛筆で専門家に描いてもらうとしても、通常は下書きとする家系図を依頼する側で用意する必要があるのは、掛軸と同様です。

3. 折本

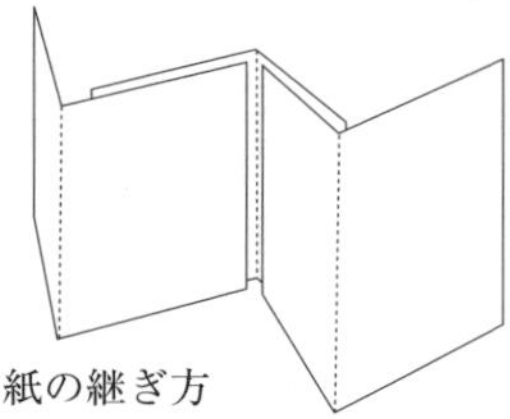

紙の継ぎ方

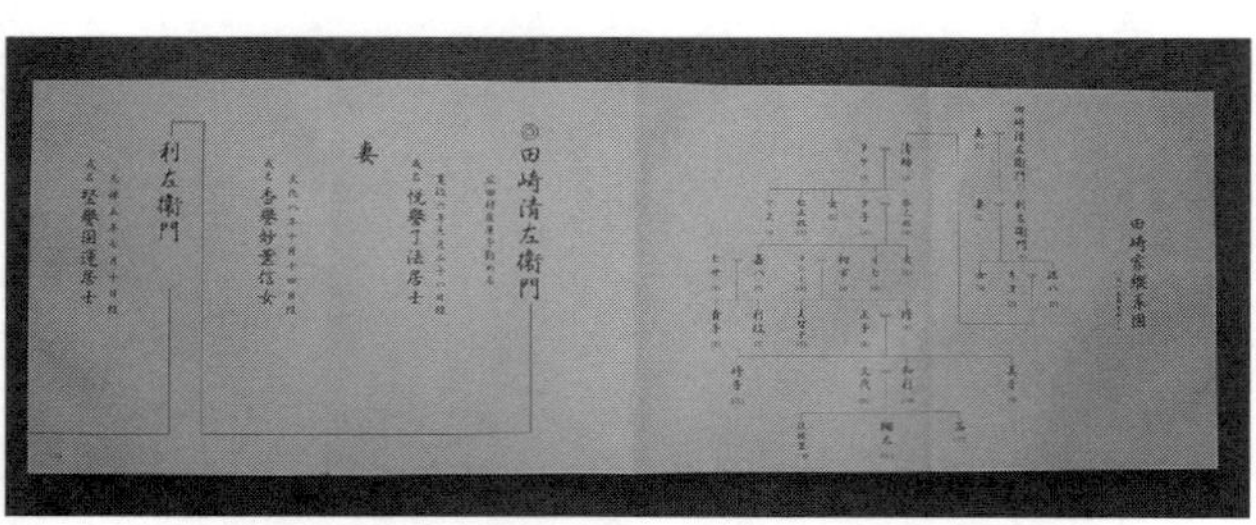

協力　萌生堂（長崎県佐世保市）

巻物は端から順を追って見るしかなく、見たいところをすぐに見ることができません。この点を解決するために、巻物を伸ばして蛇腹に折り、任意のページを開けるようにしたものを折本といいます。簡易なものでは、一枚の長い紙を折っただけのものがありますが、本格的なものは図のように二頁分の紙を一頁ずつずらしながら貼ってつくります。

折本のかたちでつくる場合、家系図は、横型で作成するのが基本です。巻物よりも長さに融通が利きますので、はじめに縦型の家系図を入れて全体像が判りやすいようにしたり、系図中に系譜を入れたかたちにしたりすることもできます。その他の情報を盛り込むことも可能です。

表装は専門家に依頼するのがよいでしょう。紙やデータで情報を渡し、折本としてまとめあげるところまで一括して依頼するのが一般的です。なお、専門家は、「折本」、「和本」などをキーワードに探すことができます。専門家の数は掛軸や巻物より少ないようです。

4. 和綴本

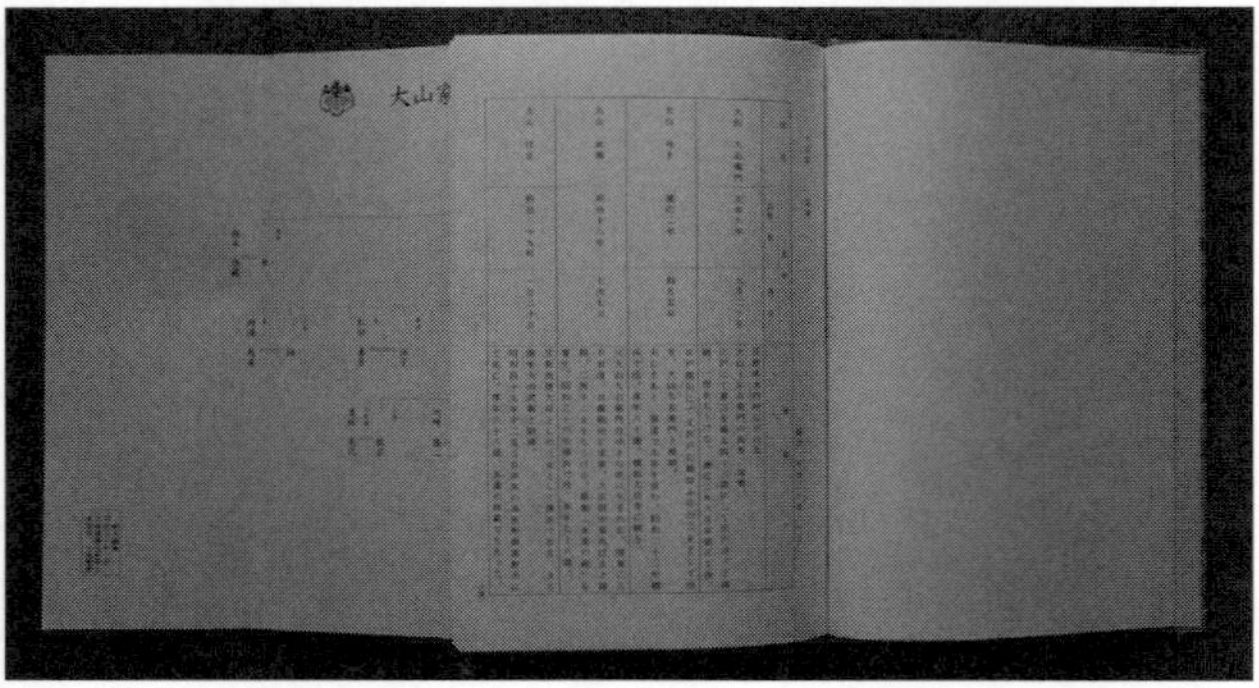

協力　京都和とじ館(滋賀県大津市)

和綴とは、紙に穴を開け、こよりや糸を使って綴じる製本方法です。綴り方には、「大和綴り」、「四つ目綴り」、「高貴綴り」、「胡蝶綴り」などがあります。デザイン性、耐久性などを考えて、各種の綴り方ができました。右の写真は「大和綴り」の和綴本です。

家系図のかたちとしては、縦型のものを右綴じで作成するのが基本です。頁数の融通が利きますので、系譜はもちろん、その他の情報を盛り込むことも可能です。その場合は、系図は独立したものにするほうがよいでしょう。

和綴本については、数は少ないですがつくり方を解説する教室や本もあります。しかし、本格的なものをつくるとなると、専門家に依頼しないと難しいでしょう。専門家の数は少ないですが、「和本」、「和綴本」などをキーワードに探すことができます。紙やデータで情報を渡し、和綴本としてまとめあげるところまで一括して依頼するのが一般的です。

5. 簡易につくる場合

洋装本

一般的な本のかたちです。製本に関する本や教室も和綴本よりは多くありますので、自分で製本してみるのもよいでしょう。専門の業者も多くあります。

簡易製本キットも売られています。本格的なやり方ではありませんが、これを利用すれば、手軽に家系図をつくることができます。

ファイル

安価なクリアファイルから高級なバインダーまで各種販売されています。お好みで

選べばよいでしょう。

額・パネル

これも種類は多くあります。額縁専門の店もありますし、画材店、写真機材店などにも多く出回っていますので、じっくり探してお好みのものを手に入れましょう。また、表具店などで高級な素材を使用した額を作ってもらうことも可能です。業者に依頼すれば、プラスティックや金属のパネルに文字を彫ることもできます。

6. 専門家に依頼する場合の注意点

どのかたちにしても、専門家に依頼する場合は、それなりの費用がかかります。どこまで自分の側で用意する必要があるかは、専門家によって違います。

また、出来上がりがどんなイメージになるのかも理解しておかないと、思い描いていたのと出来上がりが違うということになってしまうかもしれません。

費用、準備しなければならないもの、出来上がりなど、充分に納得できるまで打ち合わせしましょう。

ご協力いただいた専門店

●和生堂
〒253-0042
神奈川県茅ヶ崎市本村 4-4-23
電話/FAX 0467-91-4719
http://www.washodo.com

●萠生堂
〒857-1152
長崎県佐世保市黒髪町 17-12
電話/FAX 0956-76-9269

●京都和とじ館
〒520-0011
滋賀県大津市南志賀 1-11-24
電 話 077-575-2912
FAX 077-521-2521
http://www.watojikan.com/

10

さあ、家系図をつくろう

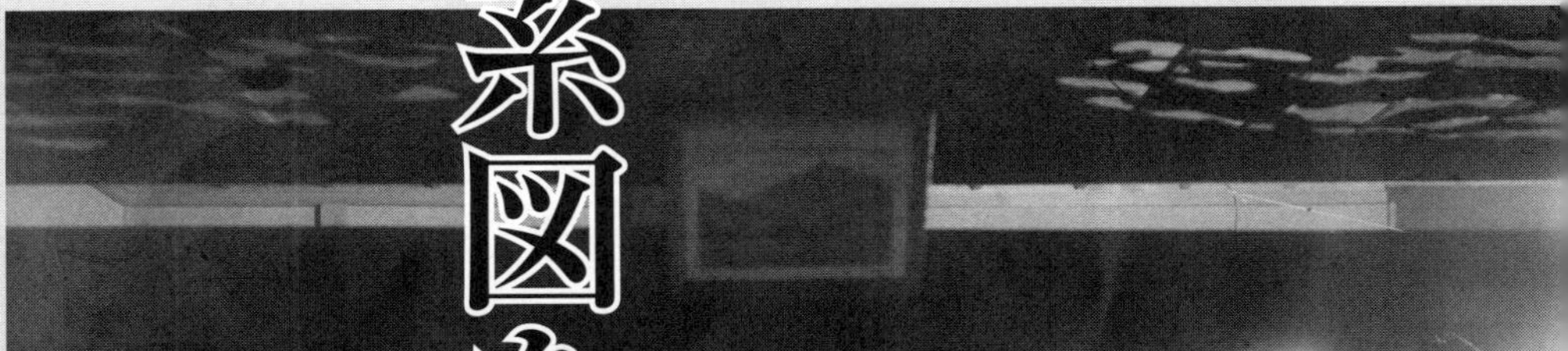

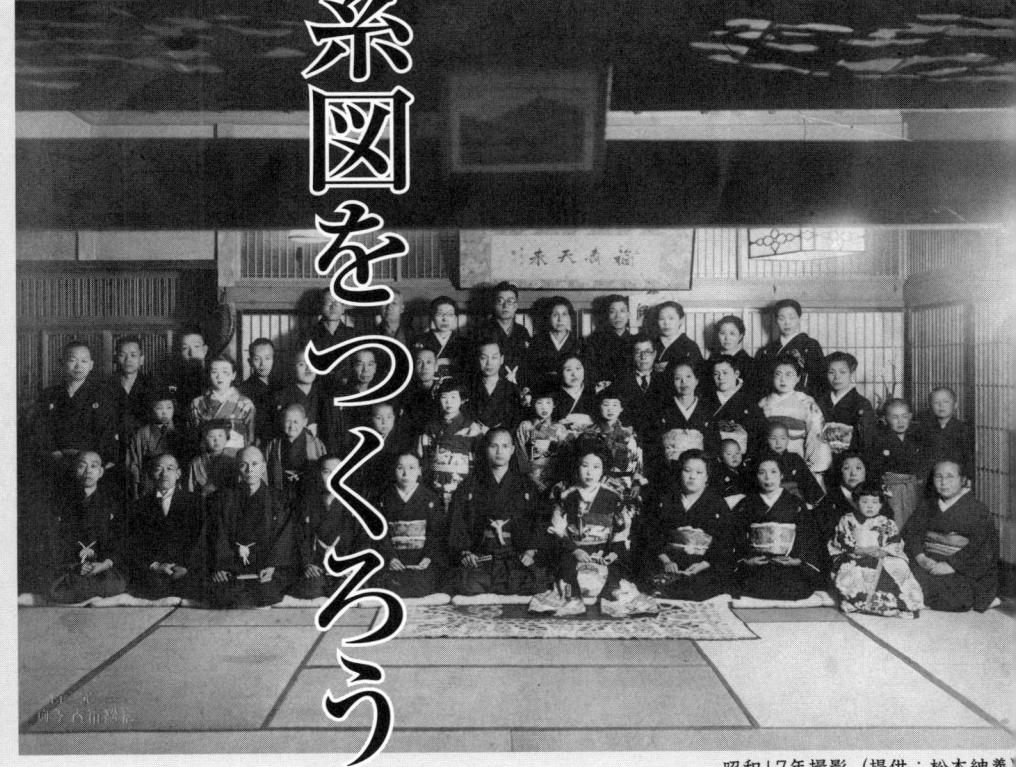

昭和17年撮影（提供：松本紳義）

第10章　さあ、家系図をつくろう

1．まずは縦型図を作成

全体の関係をつかむには、縦型のほうが適しています。最終的につくりたいものが横型であったとしても、まずは縦型のかたちでつくり、それを横型に直すほうが間違いがないでしょう。

また、集めた情報をいきなり系図のかたちにするのは大変です。配置を検討し、そのうえで清書したほうがよいでしょう。そこでお勧めしたいのが、付箋紙の使用です。ひとりにつき1枚、名前・続柄・生没年など、自分が最終的に記載したい項目を書いた付箋紙を用意し、それを紙の上などに貼って配置を検討します。付箋紙を使えば、人物を追加したり、新たに判った情報によっては並べ方を変更したりすることも容易にできます。

配置を検討する際には、普通のノート類の大きさではあっという間にスペースがなくなってしまいますので、「模造紙」という、大きな紙を使用するとよいと思います。方眼つきのものが手に入るのであれば、そのほうが便利です。

付箋紙の記載例

明治三十年五月十五日生
昭和五十四年十二月二十日没
長男　太　郎

まめ知識　「模造紙」とは？

明治11年に大蔵省印刷局は輸出用に局紙を製造、これをパリ万博に出展したところ好評で、輸出量も大幅に伸びました。しかし、オーストリアがこの局紙を木材パルプを原料に模造して販売し、これが日本にも輸入されて製紙業界に打撃を与えました。これに対抗すべく、日本が「模造」したのが「模造紙」です。

「模造紙」という言葉は全国共通のものではなく、地域により、B紙、大洋紙、ガンピ、広用紙、鳥の子用紙などというようです。

《参考》紙の博物館（東京・王子）
https://papermuseum.jp/ja/

2. 縦型図から横型図への展開

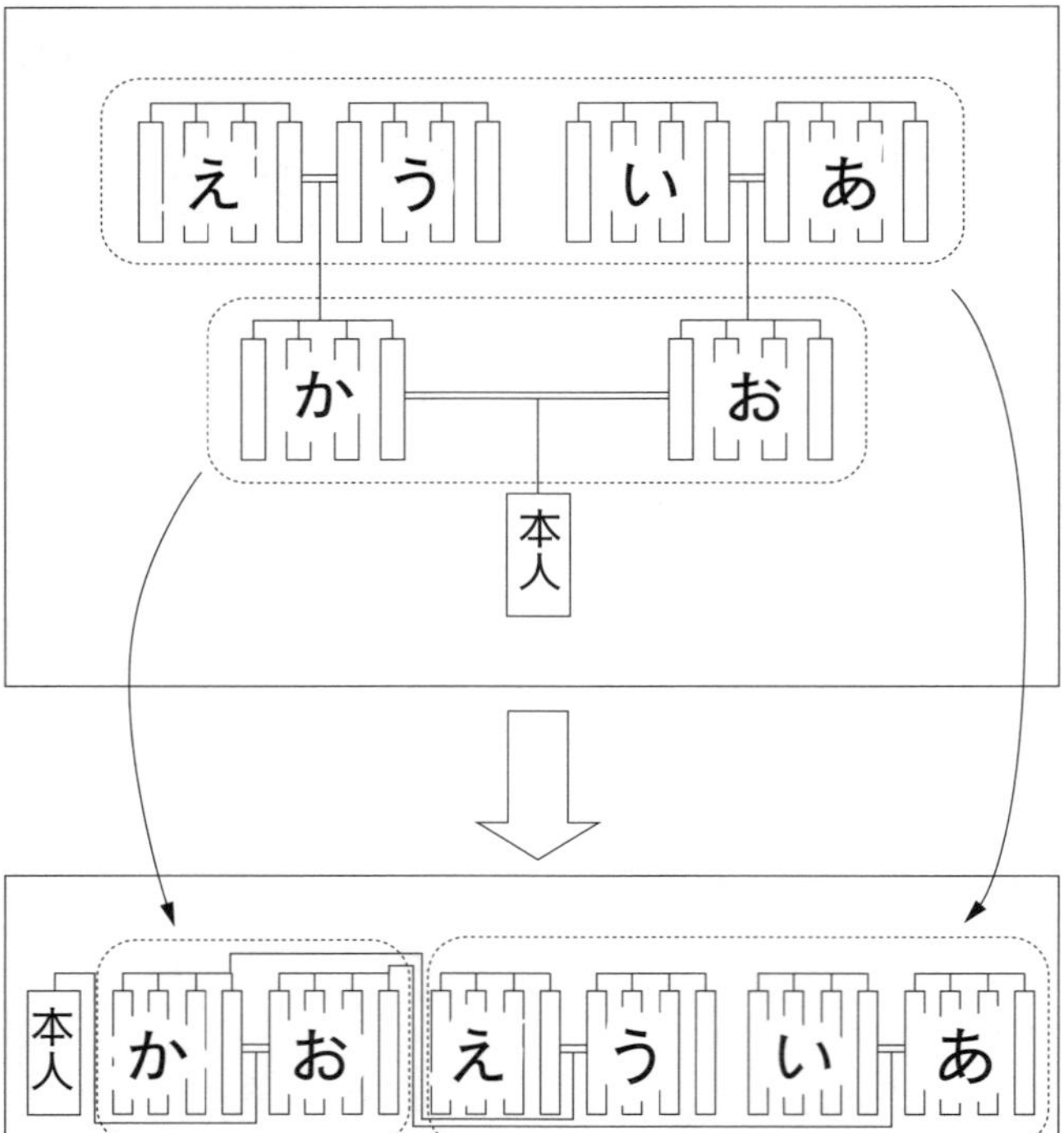

簡単な例ですが、縦型図を横型図に変換する例を図示しました。

横型では、兄弟姉妹の関係はすぐ横に並ぶので問題ありませんが、親子のつながりが判りにくくなります。人数が多く複雑な場合は、父親の系統（あ・い・お）と、母親の系統（う・え・か）を別の家系図に分けてしまうという方法もあります。

3. 手書きでつくる

和紙と洋紙

せっかくつくるのですから、長い期間、きれいに保存しておきたいものです。和紙と洋紙のどちらが保存性が高いかと聞かれれば、皆さん、「和紙」と答えるでしょう。

洋紙の耐久性については、１９８０年頃に、図書館に、保存されていた本がボロボロになったという問題が取り上げられましたが、これは、紙のにじみ止めと耐水性の調整のために使われていた薬剤の成分が酸性であるために起こったことでした。現在では酸性の薬剤はほとんど使われなくなり、中性のものが使われています。

耐久性を決める要素には、紙の繊維の違いもあります。洋紙は木質部の繊維で作られますが、この部分は強度が低く、繊維が短いのです。また、木質部から繊維を取り

出すには強いアルカリ性薬品が必要で、そのために繊維を取り出す段階で繊維の損傷が多くなってしまいます。

これに対し、和紙の原料は木の皮の繊維（靭皮繊維）で強く、しかも繊維が長いのです。和紙に用いられる原料は楮《こうぞ》・三椏《みつまた》・雁皮《がんぴ》が代表的ですが、楮の繊維は特に長く、保存性を要求される用途でよく使われます。このため、基本的には和紙のほうが保存性が高いといえます。

現在では和紙でも手漉《てす》きは少なく機械漉きのものが大部分になり、原料も多様な材料が使われています。実用的な紙だけでなく、芸術的な用途なども含めたさまざまな紙が作られています。また、ペンで書いたりプリンタで印刷したりしやすいように、表面が処理されたものもあります。

手に入れる際には、メーカーや店で保存性について聞いてみるとよいでしょう。

筆記具

書いたものの保存性という面からは、筆記具そのものより、インクが重要になります。インクには染料系と顔料系があり、顔料系のほうが保存性がよいといわれています。

墨は顔料系インクの一種で、保存性は多くの古文書で実証されています。毛筆で描くということは、保存性という面では、もっとも信頼できるものでしょう。

ボールペンや万年筆に使用されるインクには染料系のほうが多いのですが、顔料系のものもあります。ゲルインクといわれているのは顔料系です。ただし、顔料系には無機系と有機系があり、有機系の顔料は耐光性の低いものが多く退色しやすいのです。黒はまず間違いなく無機系ですが、カラーのものは無機系とは限りませんので、家系図では避けておくのが無難でしょう。万年筆用の顔料インクもありますが、目詰まりしやすいので、万年筆がそのインクに対応しているか確認してから使いましょう。

筆記具についても、手に入れる際には、メーカーや店で保存性について聞いてみるとよいでしょう。

4. コンピュータでつくる

利用のかたち

家系図はコンピュータを利用して描くこともできます。利用方法は、大きくは次の3種に分けられます。

▼インターネット上の家系図専用のサービスを使う方法（以後、「家系図ネットワーク・サービス」とします）

▼パソコン上で動く家系図専用のソフトウェアを使う方法（以後、「家系図ソフト」とします）

▼パソコン上で動く汎用（多用途）のソフトウェアを使う方法（以後、「汎用ソフト」とします）

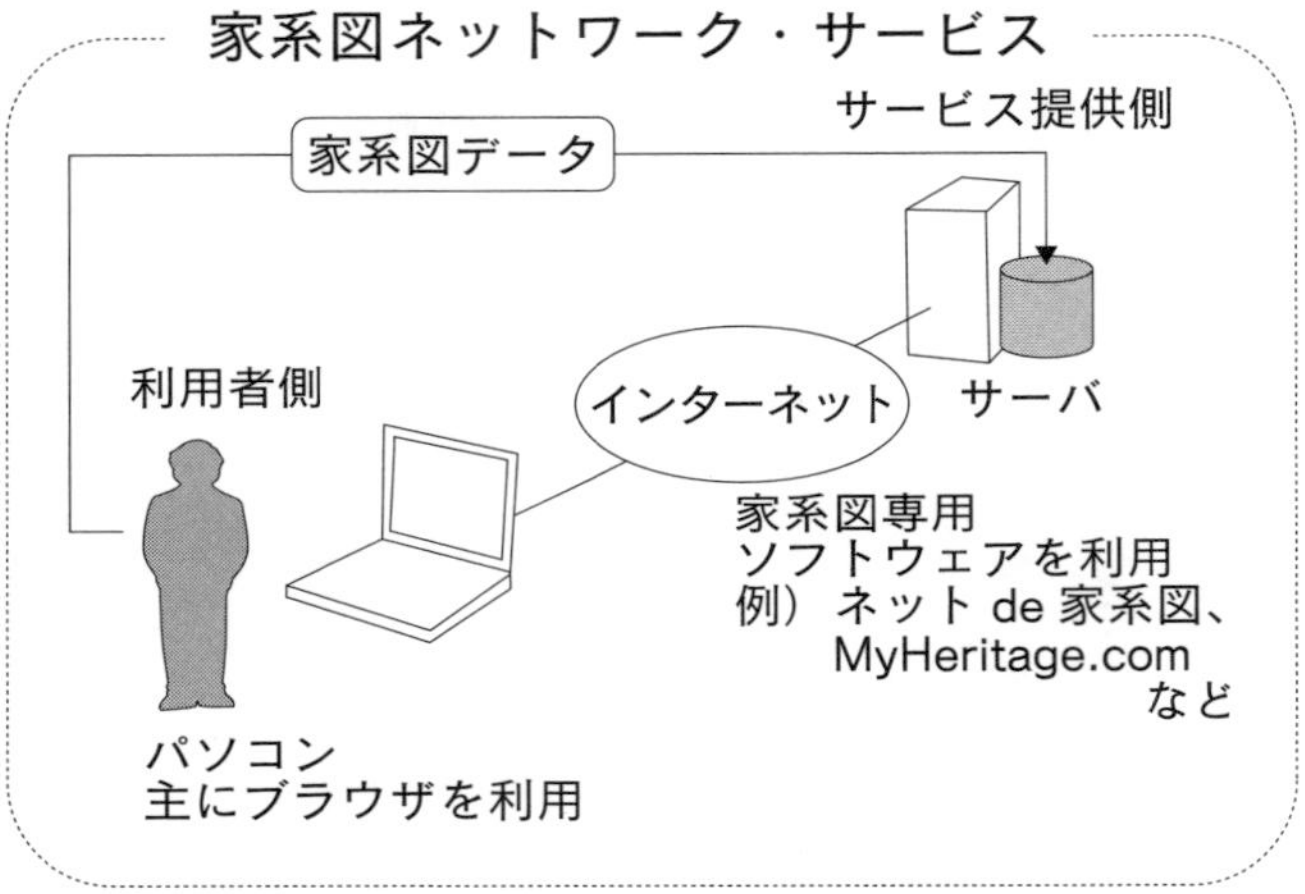
家系図ネットワーク・サービス
サービス提供側
家系図データ
利用者側
インターネット
サーバ
家系図専用
ソフトウェアを利用
例）ネット de 家系図、
MyHeritage.com
など
パソコン
主にブラウザを利用

家系図ソフト
家系図
データ
家系図専用ソフトウェアを利用
例）ルーツ 2006
親戚まっぷ
など

汎用ソフト
家系図
データ
汎用ソフトウェアを利用
例）Microsoft Office
花子
など

長所と短所

コンピュータを利用すれば、変更を容易に行うことができます。たとえば、百人を記載する家系図を手書きで書いたのち、ひとり抜けているのが見つかったり、年月日が間違っていたのが判ったりしたら――変更するのは大変です。このような場面でも、コンピュータでつくったものであればすぐに修正することが可能です。また、新たな情報が判るごとに徐々に追記してゆくのにも便利です。いちど情報を入力したら家系図にも家系譜にも反映されるようにすることもできますから、作成がずっと簡単になります。データを年賀状送付など別の用途に使うことも考えられます。

海外の家系図ネットワーク・サービスには、ご先祖様の情報を登録・検索して遠縁の人を発見できるようにするというものもあります。これはコンピュータ、ネットワーク利用ならではのものでしょう。

一方で、コンピュータは、使いこなすためには技術と知識が必要です。ふだん使っていない方にとっては敷居が高いかもしれません。

また、最近はほとんどのパソコンはインターネットに接続しています。確率としては低いですが、情報がインターネットに流れてしまったり、コンピュータ・ウィルスにより家系図のデータが消去されてしまったりすることもありえます。

ソフトやサービスを選ぶにあたって

次世代までデータを引き継ごうと考えるならば、「継続性」が大きな基準となります。ソフトあるいはネットワーク・サービスが継続するだろうかということです。利用者が少ないと開発やサービス提供を長期間継続してゆくのは難しいものです。開発やサービス提供が停止した場合、ネットワーク・サービスの場合は使えなくなってしまいます。利用者の多いものは、その提供者が破綻しても、ほかのところが買収・互換性のあるソフトやサービスの提供などで継続する可能性が大きいといえます。

機能面では、個人情報の入力機能、個人間の関係（親子など）を入力する機能、自動配置機能、表示スタイル（縦型／横型、個人属性の表示／非表示などの切替え）、外部ファイルとの入出力などが、自分の希望に合っているかを確認して選びましょう。

自動的に家系図をつくってくれるソフトやサービスもありますが、同時に表示することができる人数に制限があったり、叔父・叔母などの傍系が表示できなかったりなどの制約があったり、思ったようにつくることができない場合もあります。実際に触ってみないと判らないことも多いので、簡単な家系図を試しにつくってみるなど、試してから選ぶことをお勧めします。

データのバックアップ

入力したデータは、バックアップをとっておくことが必要です。ご先祖様の人数が多い場合、データがなくなった際の再入力は大仕事になるからです。ウィルス類による危険のほかに、パソコンやサーバのハードディスクが故障することもあります。

定期的にＣＤ－Ｒなどにデータのコピーを作っておくのが安全でしょう。「定期的に」といったのは、こういう記録媒体の耐久性も、紙のようには充分な実証はされていないからです。また、高温多湿の環境では短期間で駄目になるともいわれています。

ネットワーク・サービスを利用している場合、手元にデータを保管できないこともあります。このような場合は、印刷した家系図やもとの資料をしっかり保管しておきましょう。紙というのは、保存性の実証された、良い媒体なのです。

まめ知識　ＣＤ、ＤＶＤ、ブルーレイの違いと今後

ブルーレイ (Blu-ray Disc)	DVD	CD (Compact Disc)	
2003年	1996年	1982年	製品の登場時期
ハイビジョン映像	アナログテレビ	音楽	主な記録対象
25GB（片面一層） 50GB（両面一層） など	4.7GB（片面一層） 9.4GB（両面一層） など	640MB 700MB 800MB など	容量
BD-R BD-RE	DVD-R DVD-RW DVD-RAM DVD+R DVD+RW	CD-R CD-RW CD+R CD+RW	記録媒体規格

記録媒体規格としては、最上段のものが最も互換性が高いといわれています

コンピュータ用の記録媒体は多種あり、年々進歩しています。

ＣＤ（コンパクトディスク）は１９８２年にレコードの代替とすることを第一の目的にして登場しました。その後、コンピュータ用

の読取専用の形式としてＣＤ－ＲＯＭが開発され、それまでのフロッピーディスクに替わってソフトウェアの提供に使われるようになりました。さらに、データを利用者が書き込むことができる規格としてＣＤ－Ｒなどが開発されました。数種類の容量のものが販売されていますが、最大のものは８００ＭＢです。

ＤＶＤは１９９６年にビデオテープの代替として登場し、データ書込み可能なものとしてはＤＶＤ－Ｒなどの規格ができました。容量は４・７ＧＢ（一層）と、ＣＤ－Ｒの６倍あります。

さらにハイビジョンまで記録できるものとして、ブルーレイが登場したのは２００３年、データ記録できる規格はＢＤ－Ｒで25ＧＢ（一層）で、ＤＶＤ－Ｒの５倍に増えています。

かってパソコンで使われていたフロッピーディスク装置が最近のパソコンにはついていないことを考えると、バックアップは一番新しいＢＤ－Ｒで記録しないといけないと思うかもしれませんが、その心配はあまりないでしょう。というのは、ＤＶＤの装置はＣＤを読み取ることができ、ブルーレイの装置はＣＤもＤＶＤも読み取ることができるのが普通だからです。

媒体により容量が大幅に異なりますが、家系図だけを収めるのであればＣＤ－Ｒで充分です。遺影を動画で一緒に保存しておこうというのなら、ＤＶＤやブルーレイのほうがよいでしょう。

では、ＵＳＢなどの半導体メモリーはどうでしょうか。一般に、半導体メモリーは何度も書換えをすることを前提にしています。誤ってデータを消してしまわないよう、注意が必要です。

印刷サイズとインク

拡大鏡で読めればよいというのならともかく、読みやすいサイズの文字や配置で描こうとすると、一般的な書類のサイズであるＡ４サイズ（２１０㎜×２９７㎜）の中にはたいした人数は入れられません。父親のみならなんとか入っても、直系をすべてたどるととても収まらないでしょう。そこで紙のサイズを大きくすることになるのですが、このとき問題になるのがプリンタです。

一般向けのプリンタはＡ４サイズ用が主流です。Ａ４サイズ用より大きいサイズのプリンタを持っている方は少ないでしょう。新しく買うには価格も高いですし、占有面積も大きくなります。

いちばん簡単なのは、Ａ４サイズに縮小印刷して、コンビニなどのコピー機で拡大する方法です。最近のプリンタは精細度が高いので、拡大しても目立って品質が落ちるということはありません。ただし、紙は通常用意されているものしか使えません。

さらに、データを持ちこんで出力できるところを探す方法があります。この場合には、紙も選べる可能性があります。「出力センター」で検索すると手ごろなところが見つかるかもしれません。

また、ネットワーク・サービスでは、大きいサイズで印刷してくれるサービスもあるかもしれませんので、確認してみてはどうでしょうか。

インクの種類により保存性が違うという問題は、プリンタで印刷する場合にもあります。インクジェット・プリンタでは、顔料インクを使えるものも増えてはいますが、主流は染料インクです。レーザー・プリンタやコピーはトナーを使っており、これは顔料なのですが、方式の違いのため、ビニールと触れた状態で保存するとインクがうつってしまうことがよくあります。保存条件しだいでは、紙どうしでもインクがうつることがあります。

インクジェット・プリンタで顔料インクを使う場合を除いて、プリンタやコピーで印刷したものに保存性はあまり期待しないほうがよいかもしれません。データをしっかりバックアップし、必要に応じて再出力できるようにしておきましょう。

ご先祖様の生きた時代

西暦	一七〇〇
	1770 72 74 76 78 1780 82 84 86 88 1790 92 94 96 98
	一八〇〇
	02 04 06 08 1810 12 14 16 18 1820 22 24 26 28 1830 32 34 36 38 1840 42 44 46 48 1850 52

年号
明和
安永
天明
寛政
享和
文化
文政
天保
弘化
嘉永

出来事

75 独立戦争(~83)

82 天明の大飢饉

89 フランス革命

33 天保の大飢饉

(45) 伊能忠敬 18　全国測量開始

(58) 松平定信 29　寛政の改革

(63) 小林一茶 27

69 ナポレオン.B 21　皇帝即位

80 間宮林蔵 44　樺太探検

87 二宮尊徳

94 M.ペリー

97 歌川広重

09 A.リンカーン

23 勝海舟

25 岩倉具視

27 西郷隆盛

34 近藤勇

37 坂本竜馬

37 徳川慶喜

41 伊藤博文

47 T.エジソン

ご先祖様の記録

1944 42 40 38 36 34 32 30 28 26 24 22 20 18 16 14 12 10 08 06 04 02 一九〇〇 98 96 94 92 90 88 86 84 82 80 78 76 74 72 70 68 66 64 62 60 58 56 54

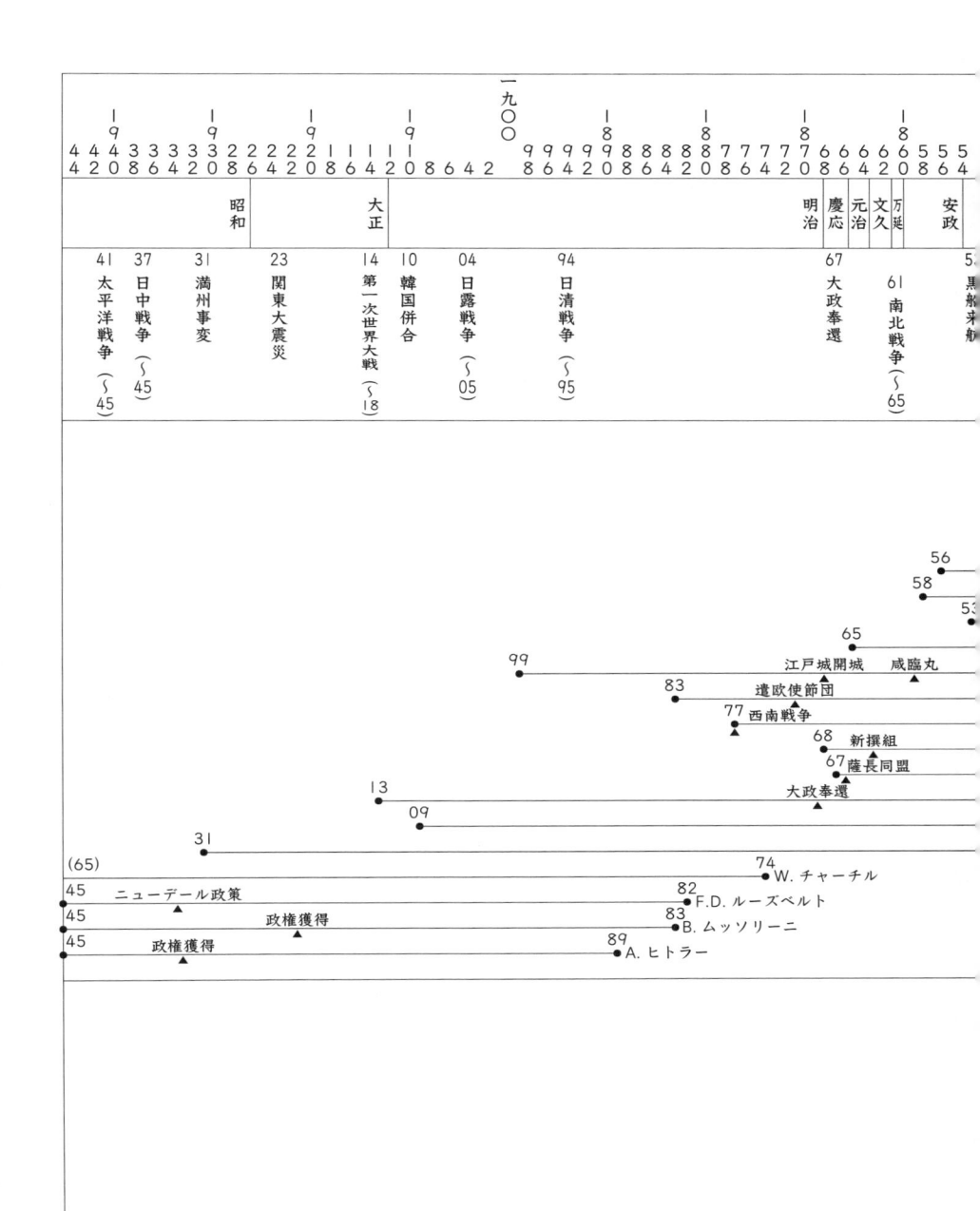

昭和 / 大正 / 明治 / 慶応 / 元治 / 文久 / 万延 / 安政

41 太平洋戦争(〜45)

37 日中戦争(〜45)

31 満州事変

23 関東大震災

14 第一次世界大戦(〜18)

10 韓国併合

04 日露戦争(〜05)

94 日清戦争(〜95)

67 大政奉還

61 南北戦争(〜65)

53 黒船来航

56

58

53

65

99 江戸城開城 咸臨丸

83 遣欧使節団

77 西南戦争

68 新撰組

67 薩長同盟

13 大政奉還

09

31

(65) 74 W. チャーチル

45 ニューデール政策 82 F.D. ルーズベルト

45 政権獲得 83 B. ムッソリーニ

45 政権獲得 89 A. ヒトラー

年号・西暦対照表

年号		西暦	改元日
宝暦	1	1751	10/27-
	2	1752	
	3	1753	
	4	1754	
	5	1755	
	6	1756	
	7	1757	
	8	1758	
	9	1759	
	10	1760	
	11	1761	
	12	1762	
	13	1763	
	14	1764	
明和	1	1764	6/2-
	2	1765	
	3	1766	
	4	1767	
	5	1768	
	6	1769	
	7	1770	
	8	1771	
	9	1772	
安永	1	1772	11/16-
	2	1773	
	3	1774	
	4	1775	
	5	1776	
	6	1777	
	7	1778	
	8	1779	
	9	1780	
	10	1781	
天明	1	1781	4/2-
	2	1782	
	3	1783	
	4	1784	
	5	1785	
	6	1786	
	7	1787	
	8	1788	
	9	1789	
寛政	1	1789	1/25-
	2	1790	
	3	1791	
	4	1792	
	5	1793	
	6	1794	
	7	1795	
	8	1796	
	9	1797	
	10	1798	
	11	1799	
	12	1800	
	13	1801	
享和	1	1801	2/5-
	2	1802	
	3	1803	
	4	1804	
文化	1	1804	2/11-
	2	1805	
	3	1806	
	4	1807	
	5	1808	

年号		西暦	改元日
文化	6	1809	
	7	1810	
	8	1811	
	9	1812	
	10	1813	
	11	1814	
	12	1815	
	13	1816	
	14	1817	
	15	1818	
文政	1	1818	4/22-
	2	1819	
	3	1820	
	4	1821	
	5	1822	
	6	1823	
	7	1824	
	8	1825	
	9	1826	
	10	1827	
	11	1828	
	12	1829	
	13	1830	
天保	1	1830	12/10-
	2	1831	
	3	1832	
	4	1833	
	5	1834	
	6	1835	
	7	1836	
	8	1837	
	9	1838	
	10	1839	
	11	1840	
	12	1841	
	13	1842	
	14	1843	
	15	1844	
弘化	1	1844	12/2-
	2	1845	
	3	1846	
	4	1847	
	5	1848	
嘉永	1	1848	2/28-
	2	1849	
	3	1850	
	4	1851	
	5	1852	
	6	1853	
	7	1854	
安政	1	1854	11/27-
	2	1855	
	3	1856	
	4	1857	
	5	1858	
	6	1859	
	7	1860	
万延	1	1860	3/16-
	2	1861	
文久	1	1861	2/19-
	2	1862	
	3	1863	
	4	1864	
元治	1	1864	2/20-

年号		西暦	改元日
文治	2	1865	
慶応	1	1865	4/7-
	2	1866	
	3	1867	
	4	1868	
明治	1	1868	9/8-
	2	1869	
	3	1870	
	4	1871	
	5	1872	
	6	1873	
	7	1874	
	8	1875	
	9	1876	
	10	1877	
	11	1878	
	12	1879	
	13	1880	
	14	1881	
	15	1882	
	16	1883	
	17	1884	
	18	1885	
	19	1886	
	20	1887	
	21	1888	
	22	1889	
	23	1890	
	24	1891	
	25	1892	
	26	1893	
	27	1894	
	28	1895	
	29	1896	
	30	1897	
	31	1898	
	32	1899	
	33	1900	
	34	1901	
	35	1902	
	36	1903	
	37	1904	
	38	1905	
	39	1906	
	40	1907	
	41	1908	
	42	1909	
	43	1910	
	44	1911	
	45	1912	
大正	1	1912	7/30-
	2	1913	
	3	1914	
	4	1915	
	5	1916	
	6	1917	
	7	1918	
	8	1919	
	9	1920	
	10	1921	
	11	1922	
	12	1923	
	13	1924	
	14	1925	

年号		西暦	改元日
大正	15	1926	
昭和	1	1926	12/25-
	2	1927	
	3	1928	
	4	1929	
	5	1930	
	6	1931	
	7	1932	
	8	1933	
	9	1934	
	10	1935	
	11	1936	
	12	1937	
	13	1938	
	14	1939	
	15	1940	
	16	1941	
	17	1942	
	18	1943	
	19	1944	
	20	1945	

あとがき

日常に追われて、
自分のご先祖様をたどろうなどとは考えもしませんでした。

きっかけは、親戚の叔母が亡くなったことでした。
叔母の死を知ったのはだいぶ時間がたってからでしたが、
その時に見て驚いたのが相続関係図です。
その中に、今までに聞いたことのない名前があったのです。
昔は子だくさんで、小さいうちに亡くなる子どもも多かったのですが、
その知らない名前のご先祖様も、
まだ幼いうちに死んでしまった子どものひとりだったのでした。

こういうことが判るなら、
もっと先までたどっていったらどこまで判るのだろうか。

そう思って、調べ始めました。
空襲で焼けてしまって、たどることができない戸籍もありました。
東南アジアで戦死した人もいました。上海で生まれた人もいました。
そして、横浜開港の年に生まれた人もいました。
歴史が、ずいぶん身近で、いきいきしたものに感じられてきました。

まめ知識でも触れた、ジェノグラフィック・プロジェクト。
これにより家系図を過去に向かって伸ばせるというものではありませんが、
地球上の人々のつながりを考えると楽しいものです。
自分が楽しめて、学問にも貢献できます。
参加してみてはいかがでしょうか。

この本が、ご先祖様を知りたいという
読者の皆様のお役に立てればと願っております。
最後になりますが、
考えてもいなかった機会をくださった（株）日本法令の江村様、
編集でお世話になった松本様、ほか関係者の方々に感謝いたします。
どうもありがとうございました。

清水　潔

神奈川県行政書士会会員。1952年、横浜市生まれ。相続関係業務を主としてリーガルアシスト横浜を運営。
「自分でつくる家系図」(http://legal-assist-yokohama.com/kakeizu/tsukuru.php) にて、wordでの作成方法などを掲載しています。

戸籍を読み解いて家系図をつくろう

平成21年9月20日　初版発行
令和元年10月1日　初版6刷

検印省略

著　者　清　水　　潔
発行者　青　木　健　次
編集者　岩　倉　春　光
印刷所　千　　　　修
製本所　国　　宝　　社

日本法令®

〒101-0032
東京都千代田区岩本町1丁目2番19号
https://www.horei.co.jp/

(営　業)　TEL　03-6858-6967　　Eメール　syuppan@horei.co.jp
(通　販)　TEL　03-6858-6966　　Eメール　book.order@horei.co.jp
(編　集)　FAX　03-6858-6957　　Eメール　tankoubon@horei.co.jp

(バーチャルショップ)　https://www.horei.co.jp/iec/
(お詫びと訂正)　https://www.horei.co.jp/book/owabi.shtml

※万一、本書の内容に誤記等が判明した場合には、上記「お詫びと訂正」に最新情報を掲載しております。ホームページに掲載されていない内容につきましては、FAXまたはEメールで編集までお問合せください。

ISBN 978-4-539-72123-0